ÑICO SAQUITO

El rey de la guaracha

Oscar Montoto Mayor

ÑICO SAQUITO
El rey de la guaracha

Benito Antonio Fernández Ortiz, Ñico Saquito

Oscar Montoto Mayor

© 2019 Oscar Mototo Mayor

Tercera edición
©De la presente edición: Unos&OtrosEdiciones, 2019

ISBN-13: 978-1-950424-13-9
Ñico Saquito: El rey de la guaracha
©Oscar Montoto Mayor
Maquetación: Armando Nuviola
Correciones: Dulce Sotolongo

Primera edición: Ediciones Catedral, 2009
Segunda edición: Ediciones Exodus, 2017

www.unosotrosculturalproject.com
UnosOtrosEdiciones
Prohibida la reproducción total o parcial, de este libro,
sin la autorización previa del autor.

Queda prohibido bajo las sanciones establecidas por las leyes escanear, reproducir total o parcialmente esta obra por cualquier medio o procedimiento así como la distribución de ejemplares mendiante alquiler o préstamo público sin previa autorización.

Gracias por comprar una edición autorizada.

infoeditorialunosotros@gmail.com
UnosOtrosEdiciones
Hecho en USA, 2019

Yo no sé de música, pero la llevo en las venas, en la sangre. Compongo de corazón adentro y luego la silbo o la canto para el copista. Eso sí, jamás ha tenido el copista que corregir nada de lo que le dicto. Me sale del alma perfectamente cuadrada.

Ñico Saquito

Agradecimientos

A Antonio Fernández Arbelo, el hijo-memoria de Ñico Saquito, sin el que no es posible escribir del «viejo».

A Caridad Fernández Arbelo, Cuchín, la hija; por su aliento, memoria y cooperación.

A Alejandro Fernández Ávila, estudioso de la obra de su abuelo, quien nos ha facilitado valiosa información para el enriquecimiento de esta edición.

A Toni y María del Carmen Fernández, nietos de Ñico Saquito.

A Asela Ulloa, por su bondad y su «máquina» donde primero se hicieron las pruebas e impresión de este trabajo hace tantos años.

A Guanín S. Ramírez, por la primera prueba de la cubierta que queríamos; José Baldoquín Ceballo, Pepe, por el trabajo de copia y ordenamiento computarizado de la primera versión-ponencia; José A. Morales, por el diseño digital, formato e impresión del trabajo Ponencia; Yeisy Moret León, por el «escaneo» de las fotos de archivo.

A Ronaldo Pardo por la primera impresión, diseño y formato computarizados (2001).

A Oscar Cruz, poeta y editor... porque ama y respeta la memoria histórica (2008).

A Yorisel Andino, por su pasión al organizar el Taller de Música Popular y Tradicional Nico Saquito (2011...)

Prólogo

La música ha sido la embajadora por excelencia de la idiosincrasia del cubano en el mundo. Isla privilegiada la nuestra donde surgieron géneros musicales como: el son, el danzón, la rumba, la conga, el bolero, el guaguancó, el mambo, el chachachá y la guaracha, solo por citar algunos, La guaracha, ha sido en ocasiones preterida por los ritmos anteriores, sin embargo, ningún otro se basta para reconocer una de las cualidades que más nos identifican: El choteo. Muy ligado a la alegría de vivir, aún en las peores circunstancias.

La guaracha tiene su historia desde España, siendo allá una especie de zapateo protagonizado por un personaje bufo que denunciaba con sus artificios el abuso de los poderosos contra los humildes. Motivadas por la reacción popular ante la hipocresía y los desafueros de figuras políticas y las excentricidades de las capas aristocráticas, las parodias frecuentes en este tipo de teatro, de gente sencilla y pobre, se trasladaron posteriormente a Cuba satirizando las tribulaciones entre personajes como el negrito y el gallego en el marco social de la colonia. Era una manera de señalar burlonamente la verdadera catadura de los gobernantes o de la metrópoli que quería aparentar una preocupación y simpatía por el pueblo colonizado, siendo mentira. La guaracha tuvo su génesis en el teatro bufo cubano y ha estado siempre alineada al choteo popular. Pero también a *sacarle* el chiste a cualquier cosa, destacar el lado humorístico de la vida.

El cuarto de Tula, que cogió candela, se quedó dormida y no apagó la vela.
Dice la guaracha de Sergio Siaba, nacido en La Coruña, España, pero que fue traído por sus padres desde muy pequeño a Cuba y aquí se quedó como un cubano más. Notable trovador, compuso obras que han sido interpretadas por figuras muy destacadas como Celina González (el bolero-son «Pedacito de mi vida»), Eliades Ochoa y Omara Portuondo. Su guaracha «Ave María Lola» alcanzó gran popularidad en su país natal y es una pieza emblemática de ese género.

Pero sería injusto e imposible apartar a la guaracha de los ritmos africanos tan alegres y representativos de nuestro sentir como la rumba y la conga, ejemplo hay muchos como las composiciones de Ignacio Piñeiro, Miguel Matamoros, Almenares Mozo.

Eliseo Grenet utilizó la guaracha, género muy apegado al gracejo popular y el choteo, en danzones como «Si muero en la carretera, no me pongan flores» y «Si me pides el pescao, te lo doy», que es otra forma de resaltar los pregones y maneras de expresarse el cubano, con un tono humorístico, a veces en doble sentido.

Pero el rey de la guaracha es sin dudas Ñico Saquito, autor de: «A la mocha»; «A orillas del Cauto»; «Atízame el bastidor»; «¡Ay, que me da! Babalú»; «Cambiaron a Jorge»; «Compay gato»; «Cuidadito, compay gallo»; «Chencha la gambá», «Dale tumba»; «Estoy hecho tierra»; «Francisco del otro la'o»; «La columbina»; «Las perras del curro». Cultivó otros géneros como guajiras, son, guaguancó, cha chá, etcétera. Un músico bohemio que retrató a su pueblo a través de la burla y el choteo tan afín a los cubanos. El apodo lo vincula a nuestro deporte nacional, la pelota, se cuenta que, en su adolescencia, Ñico era contratado por los equipos de béisbol que visitaban Santiago de Cuba, para que recobrara las pelotas que se escapaban del terreno, lo que él hacía utilizando un saco. De ahí que los aficionados lo bautizaran como Saquito, apelativo que lo acompañó por el resto de su vida, la realidad como se narra en este libro es otra, así que también fue víctima del choteo, por eso a lo mejor se prendió la chispa de su talento.

A mucho más de medio siglo de ser compuestas, se escuchan en toda Cuba y fuera del país muchas de sus creaciones como «Cuidadito Compay Gallo» y «María Cristina», en bares, cantinas, la radio, etcétera, sin embargo poco se sabe de la vida de este hombre cuyo verdadero nombre no es revelado por el autor de esta obra Oscar Montoto Mayor, **baracoense**, quien a partir de los testimonios de Antonio Fernández Arbelo, hijo de Ñico Saquito y confesiones del propio compositor realizadas en entrevistas que están difuminadas por la radio y periódicos de la época, reconstruye en esta monografía paso a paso la vida y obra de este rey de la guaracha cubana. Con un lenguaje muy acorde a lo narrado además nos ofrece una crónica rica en anécdotas y valoraciones de una etapa fundamental para la difusión de la música cubana. Figuras hoy olvidadas, aunque en ocasiones como esta, tristemente célebres como un personaje que servía de censor ético en la radio, nos hace cuestionar su validez en la actualidad donde no todo lo que brilla es oro, y el doble sentido ha caído en la chabacanería y el mal gusto a pesar de la herencia que nos legaron figuras como Faustino Oramas, el Guayabero y nuestro biografiado Ñico Saquito, el mago que sacaba de un sombrero-saco, guarachas, pregones sin las cuales hoy no se podría escribir la historia de la música cubana.

Por qué han perdurado tanto sus canciones, pues a decir de Nicolás Guillén en Prosa de Prisa:

> (...) es el pueblo, por medio de la voz sin nombre de los juglares, quien tira la primera piedra, porque está limpio de culpa y de pena, y acaso también porque su penar es más hondo y más sincero que el de los artífices eruditos que pulen décimas y romances en la medida que se lo permite el instrumento de que disponen. Esa otra poesía popular, anónima, comienza a dar señales de vida con una pureza que es fehaciente de su legítimo nacimiento: comienza por el canto, punto de arrancada de lo poético. Canto a veces cargado de sal gruesa, de urgente picardía, en él vuelca el hombre de la calle sus más elementales, escuetos sentimientos.

Palabras que también asume el autor de este libro cuando afirma:
Son los temas populares que Benito no puede despreciar desde el punto de vista de compositor y, atento observador de la vida, de la propia y de la gente, los llevaría a las canciones para siempre tener presente esas vivencias que, sin quererlo, comienzan a ser patrimonio musical del pueblo, pero a la vez, y sin pensarlo, lo fueron convirtiendo en uno de los más afamados e importantes compositores musicales cubanos, mundialmente reconocido...

Y si de pueblo se trata cómo olvidar su sentir, sus tribulaciones, sus necesidades. Descubrimos aquí también otra vertiente de Ñico Saquito, al ser presentado como iniciador de lo que luego se conoció como Canción Protesta, que no es más que el recoger el sentir del pueblo ante los desmanes de sus gobernantes en cualquier época, ya sea en Cuba o en otros países.

Cualquier tema social era sensible a la apreciación de Benito Antonio, quien no dejó escapar asunto alguno que incidiera directamente en él y en el pueblo; así que, de una forma u otra, él era protagonista también de esos desmanes. Y de inmediato ahí estaba su mensaje, bien claro, como ocurrió ante las tragedias del campesino, por lo que compone «Al vaivén de mi carreta», por el año treinta y tres, cuando faltaba poco para la caída del presidente Machado, convirtiéndose al poco tiempo en otro de los éxitos de Guillermo Portales, donde narra parte de la tragedia del campesinado cubano, considerado como una composición vanguardia de la música, al ser vista hoy como una «canción protesta»:

(…)
Ey…se acerca la madrugada,
Los gallos ya están cantando,
Compadre, ya están anunciando,
Que ya empieza la jornada.

Trabajo para el inglés,
Qué destino traicionero,
Sudando por un dinero,
Que en mis manos no se ve.

La guaracha cubana ha influido en ritmos tan apreciados en la actualidad como la bachata dominicana y unida a otros géneros como la salsa, el son, sigue contando la historia de una isla a la que ha salvado en más de una ocasión de morir de tristeza. Merecidísimo homenaje más que a Ñico a nosotros mismos sea este libro un capítulo más en el patrimonio musical cubanos.

Dulce Sotolongo

Índice

Prólogo / 11

El último viaje / 19

El pequeño Antonio / 21

Ñico / 27

Asunto de familia y más cosas / 31

Iniciación musical / 35

Tiempo de matrimoniarse / 39

Siempre el maestro / 41

María Cristina y El Compay Gallo / 51

Asunto de pesos / 57

Nuevos tiempos… / 61

Nuevo y definitivo viaje / 67

De matrimonio y certificados / 75

La Bodeguita del Medio / 79

Este es Ñico / 81

Epílogo / 85

Centenario / 87

Anexo / 93

Bibliografía / 123

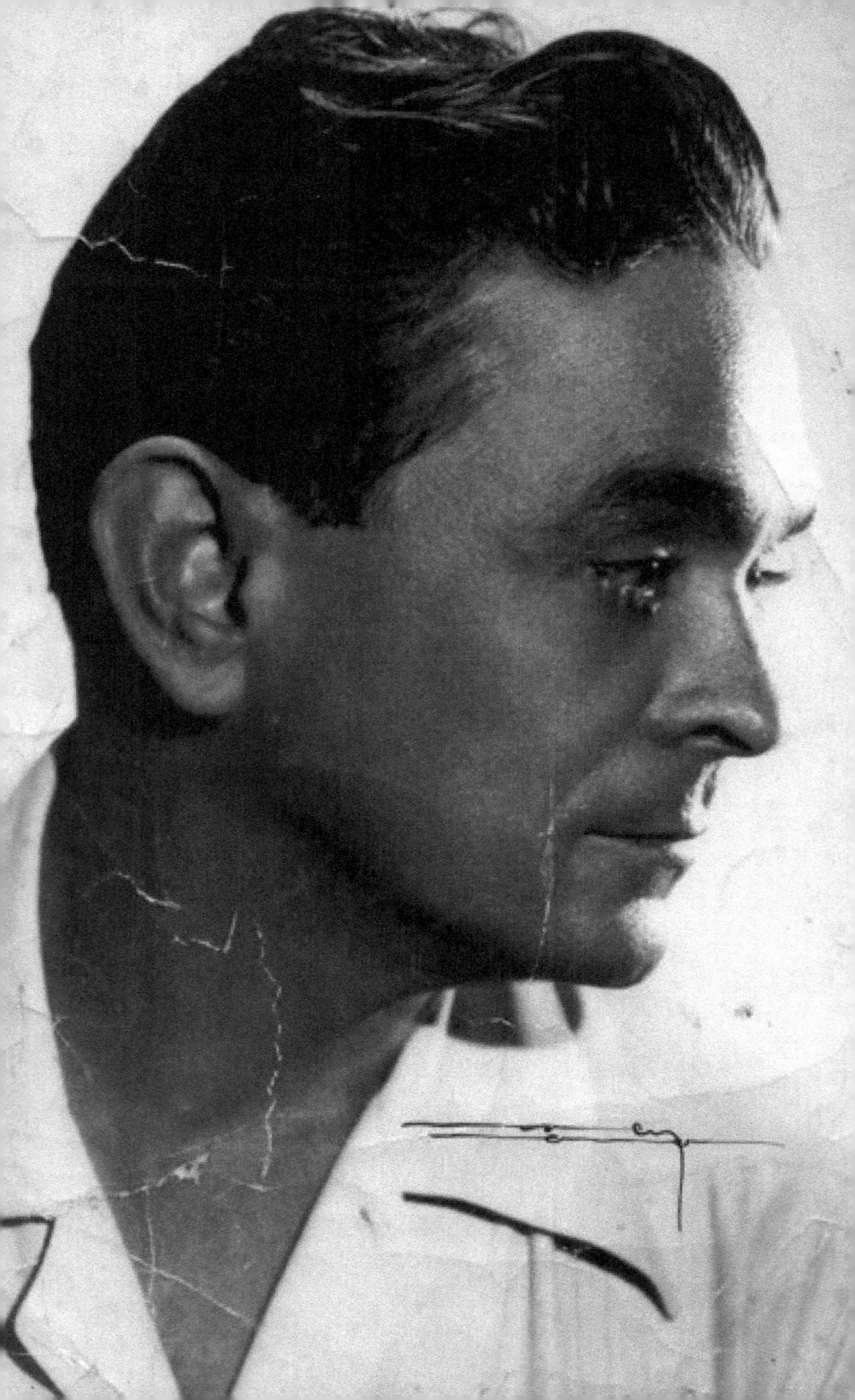

Presentación

El legado dejado por Benito Antonio Fernández Ortiz —más conocido como Ñico Saquito— imbuido por su pasión, talento y humildad, es también música, cultura e identidad.

Benito Antonio Fernández Ortiz es de los que se quedan en la Tierra *in secula seculorum*. «En mi viejo Santiago», «Camino como Chencha la gambá», la guaracha «María Cristina», entre otras, es orgullo local y nacional. Y si falta algo más para ilustrar este otro merecido homenaje, bajemos el volumen de la grabación donde repunta... «compay Gallo», para que puedan escuchar, en la complicidad del silencio y con admiración, esta información: la lista de títulos inéditos de este músico universal, sobrepasa seiscientas canciones que alguien, algún día deberá interpretar.

Aún nos falta sacar de los archivos algunos documentos y extraer de los papeles que su hijo Antonio Fernández Arbelo (albacea espiritual y material de la obra de su padre), conserva, estudia y relee con pasión única (como si estuviera escuchando a su progenitor) para continuar escribiendo y completar, junto a decenas de fotos más, muchas inéditas, esta primera edición en la que pentagramas y textos, incluida la policromía, podrían enriquecer e ilustrar gráficamente una segunda edición ampliada.

Para el presente texto, aprovecho algunas transcripciones de entrevistas que le hicieron al maestro y las sitúo en su original para intentar el diálogo con el maestro y presentarlo con su peculiar forma de hablar y sentirlo vivo, como cuando cantara a capella, en su lecho hospitalario antes de morir, y de donde saldría para coronarse como un Midas de la canción trovadoresca y popular cubanas.

Han pasado los años, desde que naciera, desde que abandonara su andar por la Tierra (considerando el año 2001, cuando realicé el presente trabajo), pero a la vuelta del tiempo Ñico está nuevamente entre nosotros, tratando de responder preguntas, alimentándose de la pasión de los que le quieren, admiran y respetan, y de los que buscan aprender de su «escuela» y de sus memorias. Pero está cansado, aunque no deja de cantar, tararear y desandar su Santiago al lado de su inseparable hijo Antonio, dando consejos a su hija Caridad y pasear a los nietos. Llegarse a la otrora y espiritual vieja casa de la trova, para mirar con recelo aquel espacio en que la vida trovadoresca había dado los mejores músicos orientales —y de Cuba— para sonreír de sus bromas y cuentos picantes... y para estar siempre en el alma de este pueblo, donde es asediado por muchos y porque su música da la vuelta al Mundo una y otra vez. Ya está viejo, hace muchos años nació, y hace otro tanto que abandonó este rincón y el placer de estar con sus hijos y desandar con amigos.

De toda esa sabiduría nos vamos a aprovechar y el maestro lo sabe, por lo que se hace cómplice de esta trastada, seguros de que aprueba todo lo que hagamos y desde donde esté, seguirá sonriendo o con una gran carcajada sin dejar de improvisar con su guitarra para deleitar, quien sabe ahora si a los ángeles. Es que esta especie de rapsoda moderno nació en la cuna de mayor influencia musical de esta ciudad: el Tívoli, donde aún se respira su presencia, por lo que desde ahí comienza su larga carta de presentación.

Por Su Memoria, Ñico, aquí estamos.

El último viaje de Ñico

Hacía tiempo no llovía tanto como se desea, cuando buscamos que amaine el fuego de la mañana con la tarde de un día y de otro. Total, en este Santiago de Cuba no llueve así, y mucho menos como el aguacero que no dejaba parquear al viejo IL 62 que, renqueando, llegó de La Habana con sus dos horas de vuelo y otras dos de atraso, aquella tarde de julio de 1982.

Apagaron los motores y adentro, en la barriga, con los pasajeros tratando de ver por las ventanillas, el calor asfixiaba. Los minutos fueron largos y la espera provocó la ira y el malestar que los hizo desprenderse de sacos, chalecos, corbatas y abanicarse el mismo aire caliente. Al fin se abrió la puerta, corrió la moto escalera y en segundos todos quisieron sustituir el tiempo de angustias dentro de la nave precipitándose hacia la salida sin esperar el orden que les facilitarían los escasos paraguas que gestionaron algunos empleados del aeropuerto.

Benito Antonio estaba entre ellos. No toleró un segundo más el vapor que le nublaba los cristales del espejuelo y con el cuello de la camisa abierta, la corbata desenrollada y el saco pulcramente preparado, doblado sobre el brazo izquierdo, se lanzó puerta afuera. Lo bautizó una ráfaga de viento con agua. Lo abrazó completo, y el viejo, cándido e inocente, sonrió agradeciendo el frescor que le quitaría, de un soplo, las largas horas y minutos de locura y claustrofobia. El hijo, que esperaba ansioso y preocupado en el edificio, salió rápido en busca de su padre, pero no pudo evitar que aquel ya estuviese empapado. No lograron abrazarse, porque la premura en la escalerilla exige diligencias. ¿Papá, estás loco? ¿Por qué saliste así? Y el viejo no responde, se repone en su figura, pasa la mano por el cabello y con su pañuelo intenta secar el agua que chorrea por la cara y la cabeza. ¡Vamos ¡es lo único que dijo por respuesta. ¡Vámonos a cambiar de ropa y darnos un trago fuerte¡, pero ya en casa, lo que le preparan es una taza de chocolate bien caliente.

No más de quince días después, el legendario trovador fallecía por una complicada bronconeumonía de la que no podría reponerse y que contrajo a escasas horas de arribar a su casa, sonriente, feliz, acompañado de su hijo Antonio, pero salpicado por la impronta e injusta jugada que le propinó la suerte... aquella tarde de julio.

El pequeño Antonio

Nació en la barriada del Tívoli y aún no se sabe si sus intermitentes primeros gritos de bebé, de los que no dejan dormir, se debían al incesante caminar que tuvo su madre por las calles-lomas de su barrio, aguantándose el vientre para ir al mercado, o por los comentarios escuchados por la tremenda explosión de un cartucho de dinamita el día anterior de su nacimiento y que atentó contra la familia del señor Román Lannes, hiriendo a su pequeña hija. Pero lo cierto es que salió con los ojos bien abiertos, larguirucho, y parece, según cuentan, que ese mismo día logró afinar el oído cuando desde la esquina, hasta al pasar por frente a su casa, en Santa Rosa n.° 58 (hoy 267), esquina Mejorana, el yerbero lanzó el primer pregón del día. Vaya usted a saber.

Benito Fernández Junio y Caridad Ortiz Acosta, sus padres, no demoraron en hacer saber la buena nueva, acompañados por la partera del barrio, quien en el entrar y salir de la casa, buscando agua caliente, paños limpios y sábanas blancas, iba informando a los curiosos y también felices vecinos: «Es varón (aplaudieron con gran algarabía)... Qué grande es (sonrieron)... Tremendo el niño... (Hizo un gesto con los dedos de la mano y callaron)...». Pero entonces no era Ñico, sino el bebé bautizado e inscripto en la iglesia Catedral el 13 de febrero de 1901 (aunque no aparece dicho documento) con el soberano nombre de Benito Antonio Fernández Ortiz. Lo de Ñico y de Saquito, vendría mucho después.

Y tal vez, para homenajear al recién nacido, como gran premonición, entraba en puerto, con largos toques de sirenas e inusuales disparos de salvas, iniciando el turismo de ese nuevo siglo, el trasatlántico Princesa Victoria Luisa, con millonarios alemanes. Esa noche, uno de sus pasajeros, el señor Hofmann, músico y naturalista, atraído por la bullanguera que llegaba hasta la Plaza Central, en su primer paseo en tierra, siguió sus pasos hasta la loma del Intendente, donde sin muchos miramientos, tomó aguardiente en una tasa improvisada que le brindaron los también improvisados músicos. No hacían falta más acontecimientos para «celebrar» el advenimiento de este inédito.

> Bueno, de mi niñez hay tantas cosas que contar que figúrate: la pelota, de la mar, porque siempre estaba metido en el mar y había un lugar que le llamaban Punta Blanca, entonces yo iba allí a buscarme la peseta, a bañar caballos, que por cierto una vez me arrastró un caballo que por poco me mata.

Aunque su pasión bien definida era jugar pelota, no desaprovechaba las ocasiones, por lo que en uno de los tantos campos de pelota espontáneos en que se jugaban la suerte, se separa del equipo y en un descuido, trata de montar un caballo sin montura, del que pendía una soga por la que estaba amarrado a una cerca y al querer llevárselo para buscar altura, se le enredó la brida en un brazo sacándolo del terreno que casi lo arrastra por todo aquello, por lo que emprendió una ligera carrera que lo llevó hasta la Planta Eléctrica, donde un vecino paró el caballo. Por unos días le quedó la marca de la soga en el brazo y muy bien que lo disimuló para que no lo notaran en la casa. «Yo cuando eso tendría unos quince años; si no me paran, me hubiera desguasao», fue lo que pudo contarle a su hijo Antonio, ya con más de setenta años de vida. Y dice el hijo que él volvió a sonreír como fuera aquel travieso niño de entonces, tratando de buscar las huellas.

También se comía la «guásima» (el turno de clases) junto a otros de sus amigos, para volver al campo de pelota y echar a andar la imaginación como el si fuera el pelotero que no fue. Se terciaba la gorra, escupía en el guante y en el terreno, barría la base con los pies...Y del graderío le aclamaban como el campeón. Eran varios sus amigos y condiscípulos que le seguían o a los que él seguía hasta el campo de pelota.

> (...) recuerdo a los Salazar, a los Ermógenes, a los Giros... éstos eran unos muchachos que vivían en la calle San Basilio; y así me voy recordando de muchos; aquel colegio le decían la Galería, porque allí iban todos los muchachos buenos y malos. Yo desde muchacho era

vago, vago no, era precoz en los juegos y yo me iba para la mar huido de la casa, que por cierto me daban cuero por ir a la mar y por no ir también. Porque me iba por ahí a vagabundear y entonces cuando tardaba tanto, mamá cogía y me daba un lengüetazo y me decía tú has ido al mar, y yo le decía que no porque por allí había una pila y nos bañábamos para quitarnos la sal; por eso ella nos daba, por ir al mar y por no ir. Por eso yo varias veces me comía la guácima.

Y continuaba su vida con cierta disciplina entre la escuela, algunas labores de la casa y las escapadas al improvisado campo de pelota donde, con otros amigos de barrio, intentaba empinarse, lleno de sueños, como uno más de las Grandes Ligas. En esos instantes olvidaba la guitarra, pero ya se habían mudado no hacía poco para el vecindario próximo a la carretera del Morro, y luego para San Fernando entre San Félix y Carnicería, donde «echó» todo el período de niñez y juventud.

Su padre era «comerciante de todo», como decía, buscándose la vida, lo mismo en los barcos, como camarero, por lo que pudo viajar mucho. Mientras, en la casa, se encontraba su mamá, resignada a las penurias, a la ausencia del esposo y los quehaceres diarios y el hijo.

Así pasó su primera infancia, en los colegios del barrio, sobre todo en el de don Luís Cuza, en Santa Lucía, entre San Félix y Carnicería, donde cursó hasta el quinto grado, nunca olvidó a su maestra Elimina Portuondo, y como asignatura la Historia, porque era en la que más premios obtenía... Y dejó la escuela con apenas doce años y encaminó su rumbo al taller de mecánica de Carbonell, que estaba en Cristina entre Habana y Maceo, donde según él, echó su niñez, y donde realmente aprendió el oficio de fundidor.

Pero su tivoliseño barrio le haría la trastada de influirlo en eso de las cantatas, rondas musicales, gozar de la comparsa y beber mucho de las guitarras de esos otros trasnochadores que obsequiaban serenatas en esas lomas y calles enraizadas, por lo que a los doce años de edad, el pequeño Benito componía canciones y sones para las comparsas, congas y paseos del carnaval santiaguero, que desfilaban por la tradicional Calle de los Recuerdos, haciendo gracias y logrando enormes éxitos con El Pulmerón y Los Príncipes de

Gales. También lo hacía con las comparsas de los barrios de Santa Cristina, Santa Ana, con La Karabalí y El Paso Franco. Después de los desfiles y con el poco dinero que ganaba, salía corriendo, apretando a la cintura su pantalón bombacho, para alcanzar la escalinata de la calle Padre Pico, bajándola de saltos en saltos hasta llegar a la Plaza del Mercado para comprar un centavo de bacalao y especies. Un día se cayó al pisar en tierra firme raspándose las rodillas, que limpió con su saliva, pero para los dos centavos en huevos frescos, acudió a su madrina bajo estricto pacto de silencio.

> Santiago era muy antigua, muy distinto como es hoy, pero se vivía, se vivía y cómo... bueno, se vivía allí con una peseta, comprabas carne, «soguita», y te ibas al matadero y te ibas al mercado Vidal, al mercado este, al otro, y si no te ponías a ayudar a un manguero para que te regalara una peseta o te regalara unos cuantos mangos, melones o cosas así por el estilo.

Pero la exigencia de la familia le conminó a que, desde niño, comenzara a conocer la seriedad del trabajo y de los oficios más disímiles. «Hay que conocer oficios», le decía el padre, «Ustedes aprendan un oficio aunque mañana sean lo que quieran, pero tengan un oficio», por lo que con escasos diecisiete años de edad, se fue a trabajar como ayudante de fundidor al taller de los hermanos Madrigal, en el poblado de San Luis, y de ahí, con mayor experiencia, al taller de reparaciones del central azucarero de Santa Ana, participando a la vez en la liga de pelota de los azucareros, que integraban los distintos centrales de las antiguas provincias orientales, destacándose como buen *center field*.

Cuando partió de su casa por primera vez, agarró su guitarra y la besó al abrazarla prometiéndole que vendría por ella. Los dos se despidieron con nostalgia. Pero allí, en el poblado de San Luis, fue larga su estancia, tal vez mucho más de lo previsto. Donde casi «echó» su juventud, según contaba, por el mucho tiempo que estuvo con ellos se hizo maestro del taller trabajando con los hermanos Madrigales, naturales de Sancti Spíritus, que eran los dueños. De ahí se fue para Ciego de Ávila a trabajar al taller de los hermanos Torres, llevándose con él a tres fundidores con los que se unía para la demanda de las ocho horas de trabajo y el pago también del tiempo doble.

> Eso fue sobre el año 20, estaba Menocal de presidente, que estaba la ley de vago aquella, que recogían a todos los vagos. Entonces llegamos a casa de Torres y empezamos a trabajar; ya al cabo de un tiempo se nos aparecieron los Madrigales y entonces nos ofrecieron el tiempo doble y las ocho horas. Entonces volvimos para San Luís otra vez. Entonces no fui de maestro, sino de primer operario.

Cuando Ñico contaba su historia, me dice su hijo Antonio, normalmente hacía una larga pausa para fumar y se daba un trago de aguardiente de caña, su preferido. Mueve incesantemente los párpados intentando ver mejor a través de los gruesos cristales de los espejuelos. Se balancea rebuscando en la memoria, y retoma el hilo de la conversación, ahora tal vez con dolor al recordar aquellos miserables 25 centavos que semanalmente cobraba como aprendiz, en caso de que hiciera una limpieza dominical.

Con esfuerzos, obtiene con el tiempo el privilegiado salario de cuarenta centavos diarios, y es cuando aprovecha, buscando un golpe de suerte, y se marcha a trabajar a San Luis de Oriente por dos pesos y medio que le ofrecieron.

> (...) pero a la semana me dice el dueño del taller de San Luis: «Chico, hay un problema, que yo le pedí a tu maestro una "media cuchara" (aprendiz adelantado), pero tú sabes trabajar, chico, y estoy muy contento con tu trabajo; pero el sueldo que le dije a él que iba a pagar no te lo puedo pagar». «Bueno, ¿y cuánto me puede usted pagar?». «Bueno, ¿tú estarías contento con cuatro pesos?» ¡Hombre, ¡cómo no, chico!».

Y parece que Ñico aún se ríe a carcajadas, inocente, por aquel logro salarial que le era insospechado. Anécdotas que no dejaba de contar a sus amigos y periodistas.

Ahí se mantuvo hasta que fue maestro de taller, entrando a ese oficio con un sueldo de cuatro y cinco pesos hasta lograr ocho, lo que era considerado para la época como una gran remuneración salarial, máxime que contaba con apenas diecisiete años y sin familia que mantener económicamente. Y se lo pagaron como primer operario y después como pelotero.

(...) y entonces yo dije: Bueno, pues a jugar pelota. Yo llevaba como un año de vago en Santiago. Yo era también buen bateador, por lo menos gilotero, siempre era primer bate, a partir de eso me decían «venao», porque corría mucho, era un robador de base peligroso.

ÑICO

Desde esos precisos y no preciosos tiempos es que le quedó el nombre de Ñico Saquito, cuando jugaba en el equipo Plus Ultra como jardinero central, cosa esta que le debía a los aficionados de la pelota, quienes, al reconocer en él habilidades en su desempeño beisbolero, pese a su corta estatura, comenzaron a decir: «Ese Ñico es un saquito cogiendo pelotas... Ñico es un saquito». A partir de entonces perdería su nombre de pila y quedaría bautizado popularmente con el que lo identificaría en su andar artístico y familiar hasta el fin de sus días... y en la posteridad.

> Todo el que bateaba por mi territorio, todo el mundo gritaba: «Ahí está el saco» y, efectivamente, era un saco cogiendo pelota.

Y el destino, o más bien su aptitud deportiva, le facilitó que lograra jugar contra ya destacadas figuras de ese deporte como Alejandro Oms, Dihigo, Parrado y Matías Ríos entre otros.

> (...) jugué con todos ellos esta novena que salieron de aquí, de La Habana, que iban a jugar a Santiago. Ellos nos elogiaban mucho a nosotros, incluso Alejandrón nos decía a nosotros «los patriotas», porque nosotros teníamos la novena de Trocha Star.

También tuvieron la suerte de que un joven y entusiasta admirador del grupo, que trabajaba en el hospital de la Colonia Española, era el que pagaba los gastos de viaje y hacía las apuestas y todo lo necesario desde el punto de vista financiero cuando iban para San Luis de Oriente. Los reagrupaba, preparaba el equipo y tras comprar los pasajes, marchaban hacia el terreno. Uno de esos días, la suerte no estaba muy próxima a ellos cuando decidieron hacer una apuesta de quinientos pesos para jugar contra San Luís, pues no se habían percatado de que el sanguinario capitán Larrubia estaba en el campo como *umpire*.

> (...) y entonces tú podías batear por el medio del *centro field* y se lo cantaba fao y todas las bolas eran para ellos *strike*, y si no ao, y con todo eso le ganamos el juego y después que le ganamos nos dijo: «Ustedes creen que han ganado, pero no han ganado; hay que jugar tres innings más, si no, no cogen la plata». Entonces jugamos tres más y le ganamos otra vez. Entonces me dijo a mí: «Ven acá, ¿y en qué vinieron ustedes?». Digo: Bueno, en ese camión. «Bueno, se me montan en ese camión y si agarro a uno en San Luis, lo mato». Después me enteré, en Venezuela, que lo habían fusilado cuando triunfó la Revolución.

Pero Benito Antonio no se molestaba con el mote que ya lo identificaba en su barrio y en todos los predios beisboleros por los que pasaba. Es más, estaba orgulloso de que así fuera y se sonreía pícaro y bonachón, haciéndose acompañar de su fiel novia, la guitarra, aunque volvía a los terrenos de pelota, y entonces dudaba sobre a quien quería más. Pero estaba orgulloso porque tenía su «novena» metido dentro de uno de los tantos solares yermos —placeres, como le decían— hasta lograr un equipo grande, fuerte.

> Empezamos a jugar en la playa que le llamaban los Coquitos, después había otra playa que le decían la Colonia Española, y después jugábamos también allí en Punta Blanca, por la entrada de la Planta Eléctrica por el malecón, en Fomento, allá en Mejiquito.

El equipo nunca estaba incompleto por obvias razones; sobraban los aspirantes. A uno de ellos ya le decían Pimpa, y también estaba Electo Borjellá, Pastor, Jabao, Milanés, Alberto Aroche y Agustín Téllez, entre otros tantos del piquete, que ya se destacaban en el terreno; eran inseparables. Esa novena no podía faltar. Son los amigos de la infancia y los de siempre, con los que se corría por las calles, se unían a una conga y una comparsa carnavalesca que juntos todos otra vez para armar el flamante equipo de pelota, al que casi siempre le faltaban los guantes y las pelotas, teniendo que ingeniárselas para confeccionarlos ellos mismos, reuniendo todos los trapos que conseguían de sus casas y otros tantos pedacillos de tela de las costuras que las madres les facilitaban no con mucha felicidad, uniendo a todas estas penurias, la falta del calzado *spike*, y de cualquier otro, por lo que no era raro verles jugando descalzos. Cuando los trapos y las telas no alcanzaban para el relleno y darle buena consistencia al confeccionar sus pelotas, entonces recurrían a sus menguados ahorros guardados en latas y botellas como en secreto botín, para centavo a centavo, comprar una de las más baratas, que se despeluzaban no más de dos juegos después.

> En Santana de Ausa hay una anécdota: resulta que hay tres hombres en base, y hay dos *out*, entonces yo bateo y me llevo unos carros que había de caña; pero lejos, lejos del terreno, y era jonrón; bueno, me cantaron fao y vuelvo otra vez y me cantan fao. Volví a llevarla, tres veces me llevé la tabla y me lo cantaron fao; y entonces *batié* un *rolling* de esos por el suelo, lo cogieron y me sacaron, me sacaron. Digo, mira que esto es grande, caray.

El tema no deja escapar una lamentable anécdota relacionada con la muerte de un pelotero de los equipos con que Ñico se batía en el terreno: Susine jugaba brillantemente todas las bases, era un pelotero de los que llamaban *around*; muchacho bueno, noble, según contó. Pero había otro, Leblane, que tenía fama de ser desfachatado y de muy mal carácter, aunque bueno como pitcher y al bate, y siempre trataba de desbaratarle el juego a Susine; hasta lo insultaba públicamente, sin saberse a ciencias ciertas el porqué de ese comportamiento de Leblane, máxime que ambos se conocían desde hacía años, de Vuelta Abajo, del barrio.

> (...) y yo no sé por qué causa, en el *dog out* ese, le dijo no sé qué cosa a Susine y Susine cogió un bate y le dio un batazo en la cabeza. Se sintió el batazo y el escándalo y líos y hubo que cargar a Leblane y se lo llevaron en la ambulancia. Leblane era negro y Susine indiecito. Susine jugaba en el Central o en el Cuba. Se echaron a perder dos buenos peloteros.

Y vi también allí a Baby Ruth. Era un gran bate, era americano, dos o tres veces sacó la pelota pa'fuera, en el estadio América, que está en Martí, a la entrada de San Antonio.

Asunto de familia y más cosas

Su padre le había puesto nombre compuesto a todos sus hijos, siendo el primero Benito Justino; luego Benito Antonio, le seguía Benita de las Mercedes; hasta Benito Ángel, el menor. Ñico sobrevivió a sus hermanos, aunque eran como quince; de su mamá una parte y del viejo la otra, por lo que en ocasiones olvidaba cuántos eran, pero eso sí, todos se querían. Él era del segundo matrimonio de la madre. Los hubo más pequeños de edad que él.

> La situación económica de nosotros era buena, porque papá tenía negocios, tenía bodegas y tenía puestos de mercado en la plaza del Mercado Municipal y después estaba en los barcos, después... andaba de botellero; compraba botellas barriles y suministraba a Bacardí S.A., Ron Castillo e hizo plata con ese negocio...

Aun así, ya desde mucho antes, no podía ni pensar en la gloria como artista, ni en pelota o con la guitarra como placer o forma de buscarse la vida. No tenía otro camino que el de trabajar en el duro oficio de fundidor, de lo que tenía experiencia profesional. Por lo que no le quedaba otra opción que la de refugiarse en su habitación, tentar a la guitarra, dejando caer lágrimas que a la vez tenía que tragarse. «La vida es dura» se dijo, y le correspondía una buena parte. Pero no se desanimó, armó de nuevo sus «matules», acomodó la guitarra terciándola sobre espalda y, en tren, se fue para otros centrales de la misma provincia, siempre como fundidor, hasta quedar cesante por la caída de esa industria que sobrevino a mediados de la primera década del siglo XX a raíz de la Primera Guerra Mundial, lo que hizo que recurriera a la música como sustento económico... si eso último realmente pudo decirse. Y cada vez que podía, o recordaba, se persignaba acompañado de una oración que dedicaba a la virgen de la Caridad del Cobre.

Mamá era católica. ¿Quién le iba a quitar eso a los viejos? En Santiago a Cachita hay que venerarla; mi mamá se llama Cachita. La Caridad del Cobre, no hay santiaguero que no la venere; en mi casa el día de la Caridad es muy grande. Todos éramos devotos a la virgen de la Caridad, nos criamos en eso: Cachita, Cachumba, Cachumbín, como le dicen a ella, y todo el mundo con Cachita y la Caridad y qué sé yo.

Esa formación religiosa, desde pequeño, siempre lo acompañó, por lo que cada vez que enfermaba, a Cachita, le pedía en ruegos y oraciones, componiendo en una ocasión su «Plegaria de amor» que le mostró a Eva Garza. Otra más, «Plegaria de un desterrado» la cantaban a dúo las Hermanas Martí, dedicado también a la virgen de la Caridad.

Lógicamente, o por tradición del barrio y su pasión artística, su casa era un centro de amigos cantores prestos siempre para hacer serenatas y para recibirlas con sumo agrado, a la par de tomar ron. No importaba la fecha, fiesta, santo o virgen a celebrar.

Y cuando esta gente andaba de serenatas, ya las bodegas estaban cerradas y decían: «vamos a darle una serenata a Benito», y mi papá se levantaba: «Lo que vienen es a tomar, no vienen a darme serenata, lo que vienen es a tomar, vaya, tomen», y les daba el trago. Luego mis hermanos eran cantadores también; tenía a Pedro que cantaba, y tenía a Juanico, que cantaba también.

De ahí que, con el decursar del tiempo, Benito Antonio se convirtió en un personaje popular en la entonces provincia de Santiago de Cuba, formando parte, además, de distintas agrupaciones musicales como el Cuarteto Castillo, el primer grupo al que perteneció, de Manuel, Manolo, con quien estuvo durante ocho años. Juan Medina fungía como guitarra prima, Ángel Almenares y Pucho Mozo en la guitarra segunda. Ñico en las maracas y el güiro. Con este grupo viajó a La Habana en 1935, actuando por primera vez en Radio Progreso durante varios días. Ese cuarteto duró muchos años, con los que actuaron para la alta sociedad de entonces, incluidos los

Bacardí, sobre una de sus carrozas de la cerveza Hatuey, alternando algunas temporadas en el Ciudamar Yatch Club. Con ellos llegó a La Habana, retornando a Oriente poco después. «Tocábamos en Radio Progreso, que entonces estaba en Monte». Eso sí lo recordaba con otro tanto de orgullo.

Fue en esa época cuando tocaron «Cuidadito, compay Gallo», que ya había sido estrenado en la capital por el ya célebre trío Matamoros y el maestro Antonio María Romeu lo copió e hizo un danzón, dándole mayor popularidad a la pieza musical.

Ñico Saquito con el Cuarteto Castillo

Iniciación musical

Pasaba hambre. La crisis era general. El pueblo padecía de todos los males posibles y no se veía fin a tan crítica situación. Así que cargó nuevamente con su guitarra para continuar deambulando por pueblos y bateyes, donde le reconocían al llegar, más por su popularidad como pelotero que por músico. Pero siempre era igual. Todos los tiempos se parecían unos a otros. Así que alternaba de pelotero a músico y a la inversa; el contrato y la paga, era lo que necesitaba. En eso andares, comienza otra fatídica e inestable época que, como buena burla e ironía del cubano, le llamaron la danza de los millones, con Mario García Menocal en la presidencia, y Ñico trajinando por San Luís con apenas veinticinco años, con los que se ganaba apenas veinte pesos diarios, pero «una camisa costaba cuarenta».

> Cuando Machado puso la restricción de la zafra, fue cuando vino la hecatombe que no había donde trabajar y entonces fue ahí que empezó la iniciación mía del canto, de las composiciones y de las cosas...

Pero tenía ese otro privilegio de saber cantar e improvisar en las fiestas, que lo hacía muy bien y tocar la guitarra como el más dulce de las aficiones, en busca de algunos centavos, porque no recibía salario alguno por hacerlo, sin olvidar la pelota, aunque en esas lides era todo un verdadero profesional, aunque tuvo que tomar en serio la guitarra y el canto para no morir de hambre.

> (...) entonces yo, en esa restricción de la zafra que no había donde trabajar, un poquitico, dos días nada más, y después a nueve pesos, me iba por ahí por los cafeses, por los restaurantes y qué sé yo; y como yo era muy chistoso, empezaba a componer, pues la gente se reía de las cosas que yo hacía, y me regalaban los cinco pesos y hasta los diez pesos. Y digo: «ay, qué bueno está esto», y entonces, ahí fue donde fui iniciándome, hasta que después hice el trío, hice conjuntos y vino la iniciación.

El joven Benito Antonio, Ñico, había tomado sus primeras lecciones de guitarra con su primo Félix Premión cuando apenas tenía doce años de edad, pasando a ser cantador en su barriada del Tívoli, dando serenatas, amenizando cumpleaños, fiestas santeras, babalaos; lo que hubiera que hacer. Con él compartían Ciro Rodríguez, Alberto Arocha, Pastor Jarau, Enríquez González, La Pulga, Cueto, Virgilio Palai, Paveda, entre otros. Con ese primo, de quien recibió sus primeras clases elementales y los principales y más importantes acordes musicales, se mantuvo hasta cumplir los quince de edad, cogiendo de él también, la originalidad de ir dando «noticias» a la par del acompañamiento musical con la guitarra.

Pronto dejó esos estudios por buscar dinero para atender a una «noviecita», cosa que siempre lamentó, porque pudo estudiar mucho más...

> (...) lo que conozco en la guitarra lo conozco así, por fresco, como todo bajo; yo agarro y le caigo atrás al grupo con el bajo, y ahora no me preguntes si está bien donde yo pongo las notas, la cuestión es que está muy bien el ritmo, está muy bien. Porque con el Trío La Rosa, en Venezuela, hice muchas grabaciones tocando el bajo yo.

Ñico nunca abandonara, ni dejara en el olvido, su andar de vida bohemia cada noche como es costumbre de este Santiago. En las parrandas de los barrios no dejaba ocasión que aprovechar, había que hacerles cantos a las agrupaciones y que pegaran fuerte en el público y en la espiritualidad de cada cantor. Sabía llegarle a la gente. Cosa que no desaprovecha acompañado de Virgilio Parlai, que cantaba bien desde muchacho, con Ciro en la voz prima, muy expresivo, además de Alberto Arocha en voz segunda, que pasado el tiempo hizo voces de primo, junto a La Pulga, que era falsete.

> Siempre estábamos de bachata, en la cantaleta y la comida y los chivos con congrí, el diablo era eso. Desde muchacho, en las parrandas...había que componer porque había que hacerles canticos a las parrandas. Yo salí una vez en la Carabalí y otra vez le hicimos cantos al Pulmerón y así fue la cosa. Fue la iniciación de componer.

Como generalmente ocurre, la familia influye en los muchachos y con Ñico no fue una excepción, pues desde niño ya oía cantar en su casa a casi toda su parentela y a un primo trovador que significó mucho para él.

Cantaba su mamá, sus tías y tíos, y el primo hermano trovador a quien le decían el Trova; también los tíos Eugenio Castillo, del poblado del Cristo, y Gabriel Rubio, El Pintor, padre del Trova, quien cantaba en la iglesia.

También cantaban la Má Teodora como se canta ahora. Y cantaban aquello de *Asómate a la ventana para que mi alma no pene.* Y cantaban también aquello de: *Cuba, tus hijos lloran, /pues ven venir tus ruinas, / Tú siempre serás la más linda, y te perderán (...).* Eso se cantaba mucho en Santiago. No se sabe de quien es. Y eso que cantó Matamoros, eso de: *Pu, pu, chan, chan.* También se cantaba mucho: *Locomotora donde tú vas, /Voy hasta Songo, La Maya, /Dos caminos y vuelvo pá trá...*

Esos eran los sones, guarachas y canciones más populares de Santiago de Cuba de entonces, sin contar los temas de Sindo, de Villalón, y los temas y ritmos que venían de Colombia, los Bambucos; también ritmos puertorriqueños y dominicanos, cuyos intérpretes estaban refugiados en esta ciudad.

Ñico Saquito con el Trío La Rosa

Ñico Saquito con los Guaracheros de Oriente

Tiempo de matrimoniarse

El día 15 de enero del año de 1932, Ñico se casa con Josefa del Carmen Arbelo Rodríguez, con quien procrea dos hijos: Caridad y Antonio. Cargaban una larga cuenta de años de noviazgo. Antes había hecho sus versos y canciones a otras pretendientes que, a la vez admiradoras de su arte y simpatías, no le faltaron. No fueron pocas, pero con Carmen, las cosas tenían otra singular historia sentimental que los marcaría a los dos.

> Ella murió ya. Fuera del matrimonio una pila de noviecitas y eso, pues ná, yo fui poco mujeriego, porque fui tan reservado, así que las cosas mías nadie las sabe, nada más que las sé yo.

Realmente se jactaba de haber sido un buen esposo y padre. Es más, estaba orgulloso de eso, por lo que no dejaba escapar ocasión para contar de sus largos y casi interminables años de noviazgo con su amada, a la cual llenaba de honestas promesas que, aunque dilatadas, eran ciertas. Juntos planeaban su futuro como músico y compositor, y los también grandes sueños por triunfar y llevar la gloria a la casa, para que los hijos se sintieran orgullosos de su padre.

Él quería que su primer hijo fuera hembra, para decirle Cuchín, como al fin pudo decirle. Y se reía cuando le mencionaban que era un «macho» el segundo, y se le vio contento y orgulloso de su pequeño Antonio, a quien cargaba para besarlo. Y la esposa, humilde y débil de carácter, resignada a los buenos y los malos tiempos, noble, pero orgullosa, los sobreprotegía con mimos y susurros.

Cuando niña, con apenas doce años, estaba pendiente del joven Benito Antonio al pasar frente a su casa, escondida detrás de una cerca de madera del patio y, por una hendija, no le perdía de vista, hasta que la madre se dio cuenta y con la aprobación del padre, se la llevaron para la finca La Escondida. Allí, debajo de una piedra, dejaba los mensajes que luego el espigado adolescente de quince años de edad, recogía para leer, releer y besar «en las nubes». Tenía que suspirar y aspirar mucho aire, llenar los pulmones hasta reventar, por ese tremendo amor. Y le daba otro beso a la pequeña misiva... creyéndose que levitaba en medio del verde y florido monte.

Cuando el joven se llenó de valor... para pedir su mano como era costumbre y de extrema obligatoriedad para las familias que se respetaran, según los estrictos cánones de la sociedad que sus padres bien le habían inculcado (ella con catorce años cumplidos), el padre de la jovencita y la bisabuela exclamaron al unísono: «¡¿Y quién es este mojón!?». Pero al final de la reprimenda, no quedaba otra opción que aceptar la unión dado los llantos de la amada, escondida en su cuarto, e impusieron al enamorado las reglas más exigentes para verla en celebración en la casa: una vez por semana, y hasta las ocho de la noche.

Al año de casados, nació Caridad, y al año y cinco meses próximos, gritó estruendosamente el bebé Antonio... como lo había hecho al nacer su padre.

Siempre el maestro

Cursando el tiempo, Ñico formó el cuarteto Siboney, integrado además por Alberto Arocha, Juanico Mariño y el chino Cornelio, regresando a La Habana para actuar en el Teatro Martí durante varias semanas.

La composición más relevante de Ñico Saquito hasta ese momento era la ya popular «Cuidadito, compay gallo», producida en el año 1935 y convertida en un gran éxito por el trío Matamoros, lo que hizo recapacitar a Benito Antonio, ya que veía que sus composiciones eran popularizadas por otros músicos pudiendo hacerlo él mismo, decidió trasladarse para la capital. Más tarde registra «María Cristina», grabada por Eva Garza, y a continuación «Feliciana está cansá» y «El jaleo».

> Yo hice mucho, pero la primera que se fue popularizando fue «Cuidadito compay Gallo», del 36; «Francisco del otro lao», del 36. «María Cristina» es más para acá, es más nueva.

Funda en mayo de 1938 el cuarteto Compay Gallo, integrado además por Ramón Márquez y Juan Medina. Desintegrado este, pasa a trabajar con Guillermo Bargella, Mozo, joven trecero de Santiago de Cuba que dirigía a Los Típicos Santiagueros, logrando insertarse en el espacio musical trovadoresco de la gran ciudad hasta actuar, durante dos temporadas, en el prestigioso Cabaret Montmartre, hasta que este grupo se desintegra también. En 1939 se lleva para la capital a Francisco Repilado, ya conocido como Compay Segundo y al poco tiempo, Ñico regresa a Santiago, pero le aconseja a su amigo que se quede, por su maestría con la guitarra. Y en 1940, funda el cuarteto Siboney en el que estaba Juanico Mariño Valé y el chino Cornelio, con los que vuelve a la capital, trabajando en el Teatro Martí con los ya populares Garrido y Piñeiro. Ya Antonio Benito era Ñico Saquito entre el medio artístico. Lo de pelotero había quedado atrás y la suerte comenzaría a hacerle muecas de relativa felicidad.

Viaja a La Habana con un grupo musical que viene de anunciador comercial y propagandístico de los jabones Sabatés y La Llave, con el que relativamente atraviesan todo el país, cantando en los ingenios y poblados; lo mismo en el parque que en el teatro del pueblo, donde brinda las serenatas que nunca faltaron... y recogiendo propinas. Cuando el contrato de los jabones u otros productos domésticos se agotaban, entonces la emprendían por sus propios medios.

> (...) la gente estaba sedienta de oír las cosas, los grupos, oír los grupos; y así sucesivamente nosotros siempre llegábamos a los pueblos y pá los restaurantes y pa'quí y pallá, porque, aunque me sea feo decirlo, que no me oculto para decirlo, muchos medios y muchos reales, que he recogido en la Isla para poder vivir. Sí, llegábamos a un pueblo con tres o cuatro o cinco (reales), y a cantar en los parques. Nos metíamos en un Café y al poco rato había plata; sí, a recoger propina. Muchas veces yo era el que ponía el sombrero para recoger propina, la gente cantando y yo recogiendo; y así sacábamos para dormir, para comer, pá pagar el hotel, y después pá seguir, pá guardar, pá coger la guagua.
>
> (...) y continuaron para Colón, luego Sancti Spíritus, Camagüey y a todos los lugares que era posible llegar y actuar para volver a la fatigosa rutina de buscarse el dinero de cualquier forma, hasta que decide quedarse en la capital. Con otro grupo artístico formado a la carrera, anunciaban también periódicos y cuantos productos domésticos le ofrecieran, de los cuales sacaban algunas ganancias extras.
>
> Con otro grupo que hice anunciamos *El País* y todos los agentes nos recibían en todos los pueblos y, en cambio, aquí en La Habana, no me atendió Hornedo, el dueño de *El País*.

Todo este antecedente da pie a que comience una nueva etapa en la vida artística de Ñico, en la que se da a la tarea de continuar conformando agrupaciones musicales —preferentemente cuartetos— y de dar a conocer, cada vez más, sus composiciones, que para esa época han comenzado a escucharse e interpretarse por todo tipo de agrupación musical en casi toda la Isla, afirmándose como inevitable compositor de éxitos. Se queda en La Habana y trabaja con el ya popular trecero Mozo Borguella, quien ya dirigía a Los Típicos Santiagueros, y Ñico hace dos temporadas con él en el cabaret Montmartre.

Forma a los primeros Guaracheros con Maximiliano Sánchez, Bimbi y Manolito Menéndez, que integraban hasta ese entonces el Trío Oriental, pero a la hora de grabar para la RCA Víctor, lo hacen con el nombre de Los Guaracheros de Oriente, dirigido por él mismo, reforzando el grupo con Vilarte al bajo y Hueso en el bongó, porque el segundo de Bimbi se opuso a que se grabara con el nombre de Trío Oriental, porque él lo había formado. Encontrándose en este grupo fue contratado como compositor exclusivo por el señor Amado Trinidad Velasco, dueño de la popular emisora RHC Cadena Azul. Bimbi continuó en el trío.

Pero también vive nuevos momentos duros y desagradables, a los que tiene que enfrentar con sabiduría y coraje y no poco de buen humor, cosa esta nada difícil lograr en él, como el enfrentamiento al señor Gorbea, entonces director de la ética radial:

> Casi todo lo que yo componía lo encontraba mal, por los equívocos y esas cosas que yo hago y es una cosa que está muy bien hecha, y entonces a él no le gustó, incluso, muchas veces le llevaban una obra mía, que era un bolero romántico, qué se yo...y apenas le decían: «es de Ñico Saquito», y decía: «No, de Ñico Saquito nada, suprímelo». La cogió conmigo, y entonces me mandó a buscar una vez a la Cadena Azul. Yo le mandé a decir que teníamos la misma distancia, si él quería verme, que viniera a donde yo estaba. Entonces ya me tenía tan fastidiado, que yo hice una guaracha que la grabó Cervando Díaz, que como era una cosa de momento, improvisado, la grabó. Dice: «Tú ves cómo tú no arreglas ná».

Sin embargo, Ñico no conoció personalmente al señor Gobea, a pesar de haber estado ocho años en la emisora RHC Cadena Azul, donde no le permitía cantar «La colombina», «Chencha la gambá»,

«Dónde están las fieras», «Quién tiró la bomba», y otras composiciones que eran catalogadas de «sediciosas» y de mal gusto... es cierto que detrás de cada letra estaba la intención de la crítica certera y audaz de su autor; todo se resumía en un dime y direte a través de terceras personas por lo que el músico se despreocupó mandándole a decir que «estaba bien», que no lo dejara cantar en la radio, pero que para el disco si lo grababa, ya que en este formato permitían ese tipo de tema, canciones que realmente por su contenido, no merecían ser censuradas.

Dentro de ese paquete de prohibiciones, porque atentaban a la supuesta moral cívica, e implantada con rigor por el señor Gorbea, se encontraba la canción «Francisco del otro lao», dejándose ver que la intención de aquel era otra. Es un cuento de velorio creado por el año 1936, relatando la simpática historia amorosa de la comadre Francisca, quien llamaba a su compadre que vivía al otro lado de la vereda, en un supuesto llanto al fallecer su marido.

Francisco, Francisco
Ay, Francisco, ay, Francisco
Me he quedado sola en el mundo,
¿quién me comprará la ropa, quién

No llores, comay,
Que aquí está su compay...

Encontrándose Ñico Saquito aún en la radio emisora Cadena Azul, arribó un grupo puertorriqueño con el músico Celso Vega, pero al mes se le fueron todos los componentes artísticos y Amado Trinidad, sin perder tiempo y con su gran olfato profesional, le encomienda a Ñico formarle un grupo a Celso. Buscan a Senén Suárez, Orlando Vallejo, Roberto Valdés y al bajista Tony Tejera. Más tarde Celso se va, y Amado Trinidad le propone al maestro que forme inmediatamente otro grupo, por lo que aprovecha quedarse con Vallejo, Senén Suárez, Tony Tejera y acogen a Vilarta, pero con el nombre de Los Guaracheros de Oriente. El señor Amado Trinidad tenía fama de ser muy altruista, ayudando a sus músicos y trabajadores cuando lo necesitaban:

Se portó muy bien con todos los músicos aquí, y le dio prestigio, porque aquí la mayoría de los músicos no tenían ese sueldo. Y ahí fue párriba y llegó a ponerse la Cadena Azul en una situación muy buena, los mejores artistas del mundo vinieron aquí. Yo era compositor exclusivo de Cadena Azul.

Y Amado Trinidad, para superar a su contrincante, la C.M.Q., comienza a pagar mejores salarios a sus artistas representativos y en mejor posición competitiva y popular a Cadena Azul, atrayendo a los mejores artistas del mundo y colocando a Ñico en la nómina de los artistas exclusivos.

Poco tiempo después, Suaritos, otro magnate de las radioemisoras cubanas —Radio Cadena Suaritos—, le hace una tentadora oferta y se va a trabajar con Laureano Suárez, donde cambian a los integrantes de Los Guaracheros, conformado ahora por Obdulio Morales al piano, Florencio Santana, Picolo, Gerardo Macías y Félix Escobar, el Galleguito, en la batería. Pero al recibir nuevas ofertas de trabajos para ir a trabajar al exterior del país, se produjo reducción y cambios en el formato ya establecido y emprenden viaje cuanto antes. Primero actuaron en Tampa, donde ya habían estado antes con el trío La Rosa. Con Los Guaracheros de Oriente estuvieron en México, los Estados Unidos y Venezuela. Corría la década del cuarenta.

Recibimiento en Tampa, Florida, USA

De regreso en Cuba otra vez, no descansa por la cantidad de contratos que le ofrece la radio y continúan llegándole nuevas ofertas para trabajar en el exterior del país. Pero en La Habana, una invitación exclusiva le sorprende: el doctor Ramón Grau San Martín, entonces presidente de la República de Cuba, desea que Ñico Saquito con Los Guaracheros de Oriente, amenice una noche en Palacio, en el que están invitados el cuerpo diplomático radicado en la capital y otros personajes claves de la política y la economía cubanas. Y Ñico, muy engalanado y reluciente para la especial ocasión, pero sin perder la oportunidad y haciendo gala de su simpatía (adosándola con una muy sutil crítica social), les anuncia que cantará, en especial para esa noche, y dedicada a la cuñada del presidente, la guaracha «Las mujeres mandan». Grau, con un gesto halagador para su pariente, le comenta que el artista la había escrito especial para ella y que ese era el estreno... Y la señora Paulina Arcina, extremadamente lisonjeada, sin dejar de hacer discretos gestos de agradecimiento, no abandonó la sonrisa de sus labios coloreados de rojo carmesí, con las mejillas y párpados maquillados con la suavidad, tonos y gusto necesarios dignos de ser envidiada por cualquier adolescente en su noche de fiestas.

Todo marchaba bien y los aplausos y congratulaciones hacia los artistas eran inacabables. El Presidente se hizo una foto junto al artista y su grupo; Paulina repetía sus exclusivos y delicados aplausos, hasta que Ñico anunció interpretar otro estreno exclusivo para la ocasión: «El bidet de Paulina», en franca alusión a la fuente que está en la avenida de Rancho Boyeros, frente a la actual Ciudad Deportiva, pero la interpretación dada por los asistentes y muy personalmente por la aludida, por su nombre, se supone no fue de gusto y agrado de ellos y el resto de la noche ya no fue igual para Ñico y su gente.

A partir de entonces, por un poco de suerte que, por suerte, le quedaba a Ñico, continuó trabajando en La Habana planificando las nuevas ofertas, preocupado a la vez por su salud y tratando siempre de llegarse a Santiago de Cuba para visitar a los suyos.

Hasta su casa oriental no pudo ir cuando quiso, por lo que demoró algunos meses en lograrlo, ver a sus hijos, dejarles algún otro dinerito y lamentarse del mal que le aquejaba la vista, por lo que abandona la ciudad antes de lo planificado y se agencia un viaje a

México donde decide operarse; gestión que casi simultánea con las actividades y contratos que tenía previstos desde La Habana; se reincorpora aún convaleciente y viaja a Tampa con Los Guaracheros. Continua en nuevas giras que les llevan nuevamente por Venezuela y de ahí pasan a Nueva York, y de Cayo Hueso hasta Jacksonville. Cuando llegan de Tampa, se presenta el contrato para Venezuela y va para allá con Los Guaracheros. Corre el año 1948. No descansa en la composición ni en las interpretaciones musicales. Continúa creando un grupo tras otro y en 1946, sin abandonar su actividad radial, lanza con mayor notoriedad, las que fueron sus primeras grabaciones: «Silverio», «Facundo y la Luna», y «Adiós, Compay Gallo», que aparecieron bajo la interpretación de Los Guaracheros de Oriente, con Maximiliano Sánchez, Bimbi, como voz prima y guitarra, logrando una enorme popularidad.

Con los Guaracheros de Oriente en Nueva York

Simultáneamente, en la cadena radial RHC, Ñico actuaba como compositor exclusivo montando números musicales para intérpretes nacionales e internacionales, así como para diversas agrupaciones que también asistían a la emisora. Tenía entonces un privilegiado sueldo de trescientos pesos mensuales. En esa época, el quinteto del trompeta puertorriqueño Celso Vega actuaba en la misma emisora y ya se oían las voces de los jóvenes Ramón Veloz, Coralia Fernández, así como las de Celina González, Reutilio y Manolo Fernández, que eran partes del elenco artístico de la popular Familia Pilón, el teleprograma que se transmitía semanalmente a través de la CMQ Televisión, de las que saldrían todos —músicos y locutores— repletos de popularidad y reconocimiento social.

A mí me grababa mucha gente, me grababa Portales, Matamoros, Miguelito Valdés que fue el que grabó «La negra Leonor», que fue un *hit* de Miguelito. Hizo un afro muy lindo, eso sería por el año cuarenta y ocho. También me grabó «No te vistas que no vas.» Rita Montaner también me grabó «No pique aquí», una guaracha; después la hizo una película. No me acuerdo de la letra. Había un dichito aquí, en La Habana, «No pique aquí» y yo cogí el dichito ese.

Pero en Santiago de Cuba, don Benito Antonio ya había hecho también los pregones de ese tipo, que ya eran populares, como «El ténguere que tengue», tomado a la vez del pregón de un vendedor de caramelos, que le gustaba mucho escuchar:

Yemita de coco llevo,
Ténguere que tengue,
Y la llevo de esto,
Y la llevo de lo otro,
tenguere que ténguere.

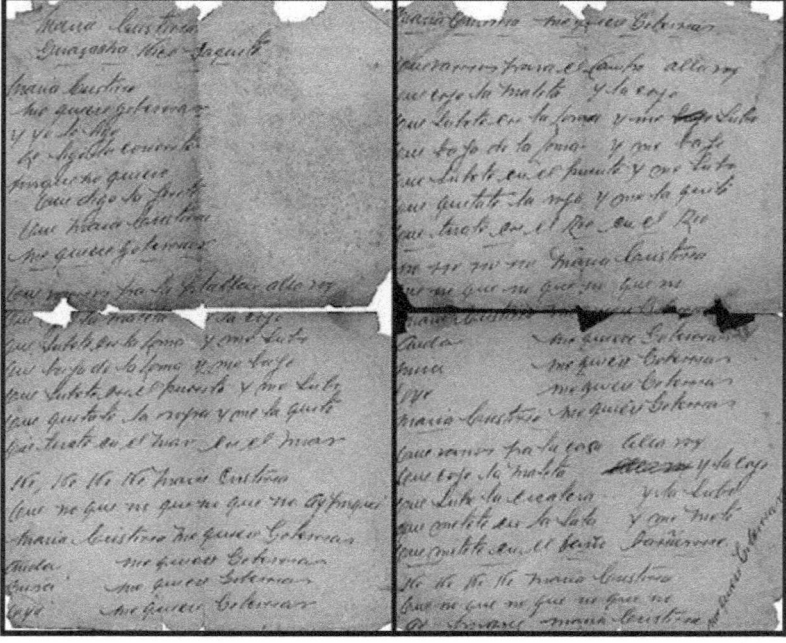

María Cristina, inspiradora de la guaracha / Letra original de la guaracha «María Cristina»

María Cristina y el compay gallo

Estando en Cadena Azul, con Suaritos, es que compone, entre otras muy populares, «María Cristina», historia que le gustaba contar una y otra vez a sus amigos y a periodistas: «Es que tenía una mujer que me quería gobernar y yo no me quería dejar gobernar». Pero la real fábula es que trabajando en Cadena Azul tiene amoríos con una muchacha que vivía cerca de la emisora y se inmiscuía mucho en los asuntos personales de él y le recordaba a su tía política María Cristina, en San Luís de Oriente, quien le hacía la vida insoportable a su esposo. Y esa historia vivida por él como testigo, con solo diecisiete años y que no olvidaría por la impresión negativa que le causó, no le motivaría a pasar por un trance semejante, por lo que una buena tarde le dijo que lo esperara, que iba a comprar cigarros... y no regresó más. Otros dicen que sí lo hizo... pero a los diez años.

En un viaje en que Benito llevó a sus hijos a pasear por La Habana, Cuchín, la hija, conoce a la muchacha, «agallegada, bajita, fea y envuelta en carnes» y, aunque sospechando que era la «noviecita» de su papá, se relacionaron bien y sin contratiempos. Así que no demora en componer cuanto antes esa experiencia dejando bien claro, cuál y cómo es su proceder en asuntos amorosos:

María Cristina me quiere gobernar
y yo le sigo, le sigo la corriente
porque no quiero que diga la gente
que María Cristina me quiere gobernar

Época cuando también compone «Silverio, Facundo y la Luna». El estribillo, las tonaditas callejeras y el constante decir de la gente, se ocuparon de que Ñico tomara en cuenta algo que estaba de moda en el decir popular de La Habana, donde se escuchaba incesantemente esa canción.

(...) y entonces yo venía un día por ahí por la calle San Rafael, y venía una señora diciendo: «Ya me tiene más cansada Silverio, Facundo y la Luna». Esa canción que trajo Baby Capo: «La Luna está enamorada, ay, lunita», que se yo, que se cuándo, y eso es lo que oía mucho; y luego «Facundo», de Eliseo Grenet, y luego «Silverio». ¡Concho¡ y entonces yo hice las tres:

Entre Silverio, Facundo y la Luna
Me tienen mi negra, ya desbaratá
Ya no trabaja, ni lava, ni plancha,
Ni atiende a los niños, ¡qué barbaridad!

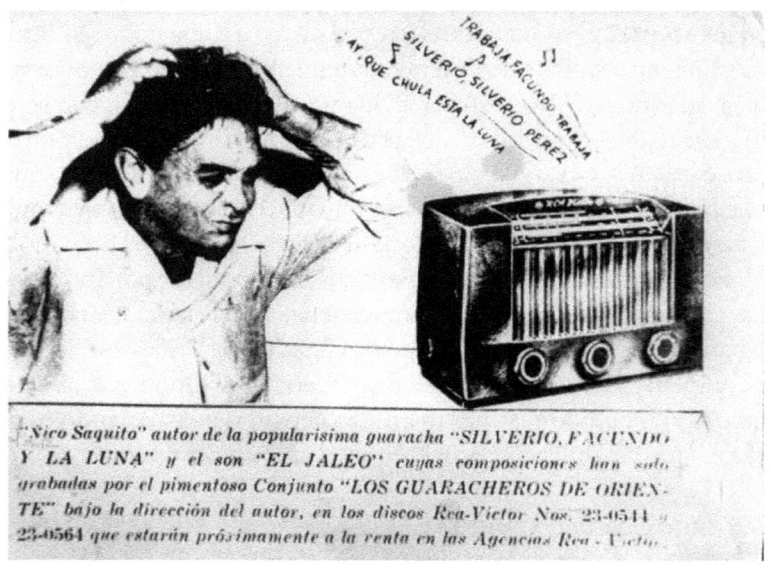

"Ñico Saquito" autor de la popularísima guaracha "SILVERIO, FACUNDO Y LA LUNA" y el son "EL JALEO" cuyas composiciones han sido grabadas por el pimentoso Conjunto "LOS GUARACHEROS DE ORIENTE" bajo la dirección del autor, en los discos Rca-Victor Nos. 23-0544 y 23-0564 que estarán próximamente a la venta en las Agencias Rca - Victor.

Continua sin detenerse la fecunda imaginación creadora de don Ñico para componer sus guarachas y todo tipo de género musical que le eran como anillo al dedo, y muy difícil de igualar amén del espacio a tener en cuenta para la comparación, abundante en estos asuntos, por lo que sin dejar a un lado otro de esos cuentos mañaneros, de velorios o amaneceres bohemios, le llega al oído la divertida e ingeniosa historia de un perico y un gallo peligroso que puso a corretear al primero porque su dueño lo puso a vivir en el gallinero; pero cada vez que intentaba bajar, el gallo le correteaba por todo el patio, a lo que el perico tuvo que reclamarle muy en serio:« Cuidadito, compay gallo»... Y de ese tema Ñico compone esa guaracha que aún le da la vuelta al mundo.

Yo hago de todo, pero que como aquí cada vez que venían las grabaciones y qué sé yo, yo quería introducir mis boleros y mis canciones. «No, no, dame las guarachas, dame los sones, montunos; dame las guajiras». Los boleros se iban guardando hasta que Eva (Garza) me grabó aquello de «Plegaria de amor» y así sucesivamente.

Como un tiro el perico
del suelo se levantó,
y al gallo le dijo así:
Cuidaíto compay gallo, cuidaíto

Son los temas populares que Benito no puede despreciar desde el punto de vista de compositor y, atento observador de la vida, de la propia y de la gente, los llevaría a las canciones para siempre tener presente esas vivencias que, sin quererlo, comienzan a ser patrimonio musical del pueblo, pero a la vez, y sin pensarlo, lo fueron convirtiendo en uno de los más afamados e importantes compositores musicales cubanos, mundialmente reconocido, por lo que este «compay gallo», le pondría un sello muy particular a su creación, a su sobrenombre, e historia toda de su vida y obra. Es imposible pensar en Ñico Saquito y no sacar a relucir el mal rato de aquel perico con un tremendo gallo correteándole por todo el patio del gallinero; todo al unísono a tan pegajosa y rítmica guaracha que definitivamente está escrita para la eternidad.

Eso es un cuento de velorio y a mí me llamó la atención, y entonces, pues hice la guaracha esta. Me quedó muy buena, y fue mundial; y así son las cosas porque yo compongo de los dichitos, los cuentos; yo no necesito guitarra para hacer una composición. Caminando por la calle la voy haciendo, le voy poniendo la música y la letra y así yo no necesito guitarra; ahora, cuando la voy a copiar, ningún músico me puede decir que falta una nota ni que falta esto, ni que no está completo. Ellos me preguntan: «Bueno, y tú cómo puedes hacer eso». Bueno, yo no sé, lo que sé es que está completo, entonces no hay novedad.

El cuento es que un hombre que vivía en el campo estaba buscando un maestro para sus hijos y un amigo le recomienda un perico que había en el mercado. El hombre compra el perico en la Plaza del Mercado, pero cuando sale de la ciudad era de noche y ya a esa hora tiene que poner al perico en el gallinero. Cuando amanece, el perico que había pasado la noche en un palo, se da cuenta del desorden que tenía el gallo con las gallinas y no quiere tirarse para el piso, pero como estaba cansado no le quedó otro remedio que bajarse…

Había mucha gente que hacía guaracha, Matamoros en Santiago. Almenares Mozo hacían mucha guaracha, pero ¿tú sabes lo que pasa? que nadie se le *originó* coger los cuentos de velorio y los chistes y las cosas, a nadie, a nadie se le *originó*. Y entonces a mí se me *originó* coger los chistes, las cosas populares que estaba populares. Hice tantas…

Realmente hizo muchas, cientos de composiciones musicales, que se perdieron al regresar a Cuba cuando abandonó Venezuela definitivamente. Otras cogieron aquí el mismo destino.

María Cristina

María Cristina me quiere gobernar
y yo le sigo, le sigo la corriente,
porque no quiero que diga la gente
que María Cristina me quiere gobernar.

Que acuéstate, Manuel, y me acuesto.
Que vamos a la playa, allá voy.
Que tírate en la arena, y me tiro.
Que quítate la ropa, y me la quito.
Que súbete en el puente, y me subo.
Que tírate en el agua, ¿en el agua?

No, no, no, no, María Cristina, que no,
que no, que no, ¡ay!, porque
María Cristina me quiere gobernar,
si no, ¡ay!, me quiere gobernar.
Oye, ¡ay!, me quiere gobernar.
Anda, ¡ay!, me quiere gobernar.

María Cristina me quiere gobernar
y yo le sigo, le sigo la comente,
porque no quiero que diga la gente
que María Cristina me quiere gobernar.

Que vamos a Corea, allá voy.
Que te peguen veinte tiros, que me los peguen.
Que vete al infierno, allá voy.
Que vamos para el río, allá voy.

Que quítate la ropa, y me la quito.
Que tírate en el río, ¿en el río?

No, no, no, no, María Cristina, que no,
que no, que no, ¡ay!, porque,

María Cristina me quiere gobernar,
si no, ¡ay!, me quiere gobernar.
Oye, ¡ay!, me quiere gobernar.
Anda, ¡ay!, me quiere gobernar.

María Cristina me quiere gobernar
y yo le sigo, le sigo la corriente,
porque no quiero que diga la gente
que María Cristina me quiere gobernar.

Que búscate un trabajo, y yo lo busco.
Que vamos pa' la casa, allá voy.
Que siéntate, Manuel, yo me siento.
Que métete a la ducha, y me meto.
Que quítate la ropa, y me la quito.
Que báñate Manuel, ¿bañarme?

No, no, no, no, María Cristina, que no,
que no, que no, ¡ay!, porque
María Cristina me quiere gobernar.
si no, ¡ay!, me quiere gobernar.
Mary, ¡ay!, me quiere gobernar.

Oye, iay!, me quiere gobernar.
Anda, ¡ay!, me quiere gobernar.
María Cristina me quiere hacer bañar.
María Cristina me quiere hacer bañar.
María Cristina me quiere hacer bañar.

Asunto de pesos

De los centenares de canciones y guarachas, sólo se pudieron salvar y recoger las que estaban registradas en la Sociedad de Autores, dado el hurto y plagio que tan comunes eran en ese entonces, aprovechándose, en la mar de las veces, de la humildad, origen e inocencia de los compositores. Ñico no estuvo a salvo de esas felonías, teniendo que lamentar también el que muchas de sus composiciones quedaran abandonadas en Venezuela.

> Lo que está registrado en la Sociedad de Autores y los discos que no aparecen. Yo tenía más de 400 discos, ¡y todos se perdieron... Muchas veces oigo una guaracha y yo mismo la celebro! qué buena guaracha!, y resulta que es mía. Porque me grabaron muchas guarachas. Mira, hay una guaracha que me grabó que dice de la «soguita», que es un cuento también, y yo ni me acuerdo de ella.
> Es otro cuento sacado de una fiesta, donde se cuenta que había fallecido el hombre de la casa que tenía cinco hijos a quienes le había amarrado una soga antes de ser difunto, para halarlo y pedirle algo ya que estaba agonizando.
> Entonces le decían: «¿No es verdad que la casita es para mí?», y otro le halaba la soguita con que lo habían amarrado y levantaba la cabeza; pero había uno que era medio bobo pero se estaba dando cuenta de la situación de la soguita y todos pedían y halaban la soguita, pero cuando este le pide: «¿No es verdad, papacito, que la finquita tú me la dejaste a mí?, nadie haló la soguita; entonces el bobo se para y dice a voces: "O aquí se hala la soga pá tó el mundo o no se hala pá nadie¡».

Pese a tanta popularidad, respeto y prestigio profesional que ya acumulaba, suponiéndose que fuera entonces el autor mejor pagado de Cuba, Ñico tuvo que padecer otros males. No estaba exento de ser esquilmado a la hora del cobro del derecho de autor.

Antes los derechos de autor eran pesetas, eran pesetas nada más. Bueno, por «Compay gallo», cuando fui a cobrar me dieron un cheque de cuatro centavos. Cuatro centavos y entonces yo lo publiqué en la revista *Bohemia*; hice una interview en *Bohemia* y sacaron el cheque; cuatro centavos me pagó la Sociedad de Autores, que tenía más de quince, dieciséis, diecisiete grabaciones, por distintos artistas, y en el Norte (Estados Unidos) y dondequiera, todo el mundo estaba trabajando «Cuidadito, compay gallo»... Y ya tú ves, ninguna de esa gente se murió, porque deberían haberse muerto de pena.

Cuando aquello estaban los Senquera, y un tal Adolfito, y una pila de gente. Eso era una jaula de... Y como yo no pertenecía a la Sobell music, de los Estados Unidos, que era la editora. Esa era una editora que actualmente está cobrando mi derecho de autor en el mundo entero. Todo mi dinero está en los Estados Unidos, yo no sé qué cantidad tengo; pero según versiones, tengo una gran cantidad de dinero.

Existen muchos más títulos de los tantos que le dieron gloria y que ya no sabe si fueron de su autoría o no, pero asegura que decenas y decenas de guarachas y pregones y todo tipo de música que compuso e interpretó, quedaron en el bolsillo y la firma de otros muchos tramposos. Aun así, incluye de su autoría «La fiesta de los ratones», otra de sus populares creaciones sacadas de cuentos y anécdotas contadas en velorios y fiestas, grabada por Cervantes, lo que levantó nuevamente su popularidad.

La fiesta de los ratones
Estaba muy buena
pero un ratón se emborrachó...

El cuento versa sobre una fiesta de ratones. El gato estaba durmiendo y al despertarse va para la casa y le dice a los roedores: «Que esto se acabe, y si no se acaba de cualquier modo, lo acabo yo». Pero hay un ratón que estaba borracho y le dice al gato: «oiga, compay gato, si tú eres guapo ven a comerme, que aquí estoy yo». El gato lo miraba detenidamente, pero el ratón muy indiferente comenzó a insultarlo: «míralo, tan grande y tan bigotuo...si tú dices que yo me como el queso y resulta que tú te lo comes y después dices que fui yo». Pero al rato, sin darse cuenta que estaba allí en el patio, insultando al gato, se le fue pasando la borrachera, y cuando se percata de lo que hacía, se metió en su cueva. «Muy bueno que me quedó eso», contaba Ñico.

De «La colombina» no se acuerda de la letra, pero lo intenta. Parafrasea y a continuación tararea, pero no le sale. «Ya no me acuerdo de eso», dice.

No, Catalina, no,
Mamá no llames más gente
Que se rompe la colombina.

Es la historia de una mujer muy pobre que tenía una colombina y como siete hijos y todos dormían en ella, y cuando se movían al acostarse o durmiendo, crujía constantemente, y a la madre le daba pena y lástima, y se sentaba para comenzar a llamar a los santos: «Ven, San Apapucio... Ven, san Benedicto... venga, vengan a acompañarme». Pero el más pequeño estaba semidormido y le dice a la mamá: «Mamá, no llames a más gente, que rompen la colombina». Este tema lo tomó de un artículo humorístico aparecido en un periódico e inmediatamente compuso la guaracha.

Sucesivamente se las arregló para darle fin a cada nueva composición que venía a ocupar lugares cimeros de la radioaudicencia nacional. Y le siguió la siguiente composición: «Cosas del compay Antón», grabado por Portales y que fue un verdadero *hit*. Un cuento en que la trama es entre un león y un niño, por lo que le preguntan al primero: «ven acá, chico, si acaso te corriera un león, ¿qué cosa es lo que tú harías?» Dice el niño: «bueno, pues si un león me cae atrás, salgo corriendo y ya está». «¿Y si él te sigue»? «Pues me voy pa un puente y me voy pal' puerto». «Y si él sigue en el puerto», «bueno, me tiro al mar». «¿Y si el león se tira al mar?». Es cuando el pequeño, ya obstinado, pregunta: «Pero ven acá, chico... ¿qué es lo que tú quieres, que el león me coma?».

Me decía el compay Antón
Ayer por el mediodía,
Si te corriera un león,
Qué cosa es lo que tú harías.

Nuevos tiempos... igual que los anteriores

Cualquier tema social era sensible a la apreciación de Benito Antonio, quien no dejó escapar asunto alguno que incidiera directamente en él y en el pueblo; así que, de una forma u otra, él era protagonista también de esos desmanes. Y de inmediato ahí estaba su mensaje, bien claro, como ocurrió ante las tragedias del campesino, por lo que compone «Al vaivén de mi carreta», por el año treinta y tres, cuando faltaba poco para la caída del presidente Machado, convirtiéndose al poco tiempo en otro de los éxitos de Guillermo Portales, donde narra parte de la tragedia del campesinado cubano, considerado como una composición vanguardia de la música, al ser vista hoy como una *canción protesta*:

(..) aquí le trabajábamos al inglés, pues figúrate, y lo que pagaban los hacendados, una basura lo que pagaban, entonces yo la hice en plena dictadura... en la de todos esos gobiernos...

Ey...se acerca la madrugada,
Los gallos ya están cantando,
Compadre, ya están anunciando,
Que ya empieza la jornada.

Trabajo para el inglés,
Qué destino traicionero,
Sudando por un dinero,
Que en mis manos no se ve.

Con los Guaracheros de Oriente en Casa del mambo, Nueva York

En una nueva etapa, que se enmarcaría en los años cuarenta y seis hasta algo más del cincuenta y cuatro, Los Guaracheros actuaron como artistas exclusivos de la Cerveza Polar y de la emisora Circuito Cubano. Viajan de nuevo a Tampa, a México, y concluyen la gira nuevamente en los Estados Unidos, actuando exitosamente en diversos escenarios y programas radiales concluyendo en Nueva York, donde comparecieron durante once semanas en teatros, cabarets y presentaciones populares, así como en numerosas grabaciones radiofónicas y discográficas.

En el 1948 va dos veces a Tampa inicialmente con el trío La Rosa, con Julito en la guitarra, Serrano, y con Despaigne como guitarra prima. En el próximo viaje lo hace con Los Guaracheros de Oriente, porque era Ñico quien tenía el contrato para «Fiesta de Tampa», acompañado de Fabelo, el locutor y cantante cubano, muy popular, radicado en esa ciudad, propietario de los teatros Casino y Royal. Y las cosas, parece, pintaron bien, con buenos salarios, pues también trabajaron en la radio y en el círculo social Los Cubanos haciendo bailables

Con los Guaracheros de Oriente en Tampa

Muchos bailes que dimos allí, pues siempre estábamos de fiesta en Tampa; muy acogedor que es aquel pueblo, no podían bailar con nosotros porque estaba prohibido; como show únicamente, como cuando fuimos a Nueva York.

Yo no tuve ningún amor allí. Los muchachos sí se alborotaron, pero yo no tuve nada allí. Yo estaba en mi negocio, en mi música. Y aunque allí eran alborotosas las mujeres, acababan con cualquiera, muy simpáticas que eran, muy agradables y allí estuvimos mucho tiempo, hasta que entonces vine de allá de Tampa, y fue cuando se presentó el viaje a Venezuela.

Con Picolo, Macías y el Gallego en Los guaracheros, viaja a New York y trabaja exitosamente en los *shows* del Dancing Palace. Ya se había independizado de los contratos con Radio Cadena Azul y de Suaritos. Y para sorpresa de todos, en medio de una de sus actuaciones, la gente comenzó a bailar durante el *show* y los ejecutivos de la Unión de Músicos le llama la atención a Ñico: «¿Por qué bailan?» le preguntan insistentes.

> Y le dije, bueno, chico, yo no tengo la culpa de eso, amárrenlos, yo no le digo a nadie que no baile, estoy en mi *show*, en el salón, pero si la gente baila, cojan una soga y amárrenlos.

Ñico Saquito en Tampa

Fue una temporada de dos meses en Nueva York: octubre y noviembre del cuarenta y nueve, fecha en la que se encontraron con el Trío de las Hermanas Marques, que también se estaban desarrollando exitosamente.

> Como fuimos en la temporada de frío no lo pude conocer bien, fue la nevada y eso, me encantó mucho la nevada.

Siguieron de fiestas y parrandas acompañadas de mucho trabajo. Con el trío Marcano acoplaron para continuar trabajando en algunos barrios del Bronx, de Harlem, y con los puertorriqueños, además de otros lugares. La demanda artística era suficiente y el tiempo no alcanzaba para tanto y todos.

> Ganamos buen dinero, aparte de eso yo estaba fuera de la sociedad de la Sobell... y entonces yo hice un

contrato allí. Me dieron 5000 pesos. Digo: ¡Ah, está bien ¡Volví otra vez para la compañía! Yo estaba fuera de la compañía porque ellos me dijeron una razón bien clara: «De todos modos, Ñico, usted no está con nosotros, y nosotros seguimos cobrando». Y yo llegué allí, y tenía mi dinero, yo tenía mi derecho de autor... entonces, de lo que yo recaudaba me descontaban el 50 por ciento. Si yo cogía 400, entonces me pagaban 200 pesos. Ya después de eso, yo no he sabido más de la Sobell, y no he vuelto a cobrar más, así que no sé qué dinero tengo yo allá.

En Nueva York 10 de noviembre de 1953

Desde Tampa, donde permanecieron por un mes integrando Los Guaracheros, viajan a Venezuela para trabajar en radio y en cabaret, amén de los bailes populares que amenizaban durante largas jornadas.

Cuando los integrantes del grupo regresan a Cuba, Ñico se queda y se integra al Trío América, compartiendo también con Tico Álvarez en Maracaibo, capital del estado de Zulia, donde también tocó con el trío La Rosa.

En 1951 logra su primera experiencia en el naciente cine cubano con la película *Rincón criollo* y luego en *Romance del palmar*, con las actuaciones de las ya famosísimas artistas Blanquita Amaro, Celina González, Reutilio, Celia Cruz, Gina Cabrera y otros. Y en el que sería el legendario año de 1953 en Cuba, actúa con el Trío Yara en La Bodeguita del medio, viajando luego para Santiago de Cuba a los carnavales, amenizando los bailables de máscaras en el Motel Rancho Club, por invitación de la compañía Bacardí.

Ñico Saquito en el restaurante La Virgen del Cobre en Venezuela

Ñico Saquito en los Carnavales frente a la carroza de la cervecera Hatuey

Nuevo y definitivo viaje

El ir y venir de Ñico estaba al mismo ritmo de cualquier rumba. Cuba y Venezuela se disputaban su presencia. Aquí y allá, donde hiciera falta y donde tampoco escaseara el dinero, logrando por el año cuarenta y nueve un jugoso contrato con Max Pérez, boxeador puertorriqueño que tenía agencias teatrales en Venezuela, quien aprovecha la popularidad que tenía en ese país la guaracha. Ya don Rafael habló, que Ñico había escrito inspirado en un personaje de la novela radial *El derecho de nacer,* del autor cubano Félix B. Caignet; y para él trabajó unos nueve meses en Caracas y de ahí pasó para Maracaibo, siempre con Los Guaracheros.

Hicieron los carnavales en el mismo Caracas, actuaciones en el cabaret Pasa Pago, en el Club Fuente y en el Club italiano Los Palos Grandes, así como en Televisa y las emisoras que inauguraban los nuevos estudios de Ecos del Orinoco y otros. Y cierran con gran éxito ese periplo actuando en el parque de diversiones Coney Island, réplica norteamericana ya de boga en Cuba también, donde fueron condecorados con la Medalla de Oro, tanto por la aprobación popular como por la de los empresarios. Fue tal la popularidad y aceptación popular de este grupo, que llegan a actuar en una recepción ofrecida por el presidente de la República Marcos Pérez Jiménez.

> Yo lo conocí en su casa, era muy blanco, era regordete y ya tú sabes, cuando fuimos a su casa, a casa de la madre.

Aquello estaba lleno de militares, que' se' yo, porque yo estaba trabajando en los Palos Grandes, un club italiano, que teníamos nueve bailes que tocar allí. Entonces le dije: «Bueno, yo tengo un *show* aquí». «No, no interesa el *show*, prepárate y vamos». Entonces yo llamé al gerente de los Palos Grandes y entonces dije: «Bueno, mire, nos mandó a buscar el presidente, recoja y vaya pá ya». Entonces nosotros nos fuimos pá allá, nos llevaron en una máquina y fuimos a tocarle al presidente.

Nos pidió muchísimas cosas, le gustaban las guarachas. Él me dijo a mí: «Yo siempre los oigo a ustedes, siempre los oigo, están muy bien, me agradan, los he mandado a buscar, ¿cómo se sienten?». «Bueno, pues nos sentimos bien, hemos tenido buena acogida aquí». Entonces quiso que le grabáramos diez ó doce números.

Inmediatamente los grabaron en un disco para la Radio Difusora de Venezuela y le obsequiaron la copia de la placa de acetato como prueba distintiva. Y como toda la experiencia resultó ser muy acogedora, la pasaron bien, sin aparentes nuevos problemas económicos.

Pero la «bonanza» artística y económica de tan popular artista comenzó a mermar nuevamente poco a poco y se vio necesitado de acudir a su antiguo oficio de fundidor estando aún en Venezuela, donde en un accidente de trabajo, al «picar» un horno, rudimentario método para vaciar el contenido en moldes de las enormes calderas con acero derretido, le ocasionó la pérdida parcial del ojo izquierdo. Aun así, no abandona su trabajo.

Estando allá, lo sorprende la terrible noticia del fallecimiento de Carmen, su esposa, con apenas cuarenta y seis años de edad, quien había ingresado en la clínica Sagrado Corazón el día siete de septiembre de 1956 y dejaba de existir al día siguiente, produciendo en Ñico un grave estado de ánimo del que le fue difícil salir.

Carmen se sentía mal desde hacía días. Cuchín, la hija, la aseaba en la cama, y la mañana en que estaba lavándole los pies para ponerle los zapatos para llevarla al médico, la siente desplomar y se le desmaya entres sus brazos. Ella intenta levantarla luego de reanimarla, pero la madre la detiene: «No, mija, tú no estás preparada para la vida, quédate en la casa», pero Cuchín busca ayuda en el vecindario y se la llevan para el hospital. Al día siguiente, cuando Antonio, furtivamente, y tras varios intentos por entrar a la instalación hospitalaria, necesariamente escurridizo por la persecución policial contra él, logra ver a su mamá, la llena de mimos y besos, y sin mucha demora abandona inmediatamente el recinto. Pocos minutos después, según testimonia una enfermera, entre la alegría por ver a su hijo y los malestares, Carmen intenta levantarse para sobreponerse al dolor, pero solo atina a decir: «¡Ay, mis hijos...!» y queda muerta. Cuchín, su adorable hija, no hacía mucho que había ido para la casa a cambiarse de ropas para regresar inmediatamente al lado de su madre.

Antonio, que se encontraba ya en su casa, oye a un hombre desconocido preguntar por él desde la calle y se esconde detrás de un escaparate preocupado que fuera la policía o un chivato, y la hermana, también cautelosa, pregunta quién es. Desde afuera, y sin identificarse, pero muy natural, le dicen que es para comunicarle que su mamá acababa de fallecer. Antonio sale de la casa, tiene que arriesgarse, y sin saber quién es el bondadoso emisario y sin poder llorar a su madre, gestiona una caja mortuoria, por la que le cobran como de primera y realmente le entregan una de tercera calidad, pero no es tiempo ni puede reclamar. Su hermana sale presurosa de la casa con los preparativos para amortajar a su madre. Y en Venezuela, desconsolado Ñico, enferma espiritualmente y se lo hacen saber a la familia en Santiago de Cuba, asunto que duplica el dolor y las preocupaciones de sus hijos.

Antonio no sabe detenerse ni da tiempo a las trampas de la vida y al peligro, y sin perder el tino ni volver a pensar en peores consecuencias para su persona, envía el día 10 de septiembre de ese año de 1956, un cable telegráfico al secretario de la Presidencia del Palacio Presidencial, requiriendo que su padre sea atendido en Venezuela por encontrarse mal de salud. Coincidentemente, ese mismo día 10, temprano, en la casa de Antonio, se recibe un telegrama procedente de La Habana en que se anunciaba que Ñico se encontraba muy mal de salud en Venezuela. Realmente nunca se supo quien puso semejante mensaje. Ante el cable telegráfico enviado por el hijo, Ñico responde con otro telegrama a sus hijos lamentándose por la muerte de su amada y por el doble dolor al no poder asistir a los funerales por contratos de trabajo que no podía eludir y por su salud. Dejaba en la Isla a sus hijos, solteros y solos en la casa, en una época violenta y convulsa y cuando el Movimiento 26 de Julio se extendía por toda Cuba, filas en las que militaba su hijo varón, por lo que era perseguido y tuvo que buscar, poco tiempo después, refugio en el exilio.

Repuesto de su dolor por la pérdida de su esposa, Ñico no viajó más a Cuba y continuó en su bregar por la vida, luchando por adquirir su sustento diario y algo más para enviar a su hija, a la vez de guardar en sus baúles de viaje, decenas de canciones que traería acompañándole en el regreso definitivo a su patria a principios del año de 1961.

Después de haber trabajado durante los últimos ocho meses en una compañía disquera y en cabaret en Caracas, logra un apetitoso contrato con la cerveza Zulia, pero Los Guaracheros deciden regresa a Cuba y Ñico se queda en la ciudad de Maracaibo y comienza a trabajar con Tico Álvarez y el Trío América, un dúo colombiano y otro venezolano; y fueron de bar en bar... haciendo de compositor, maraquero y cantante, realizando además grabaciones con el Trío Los Jirahara en giras artísticas.

Ñico es incansable y no cesa de producir todo tipo de música, que a la vez es muy bien recibida por el público, por lo que diversos tríos y otras agrupaciones musicales le piden unirse o hacer presentaciones públicas juntos, grabando así con Los Latinos, Los Brillo y Caracas Boy. Al regresar a Maracaibo se incorpora a los cafés y otros bares nocturnos, algunos propiedad de cubanos, como el Opinar, La Virgen del Cobre, y Bayamo. Pero la inestabilidad económica personal y del país, y contradicciones sumadas a ironías de la vida, hacen que don Benito Antonio se vea necesitado de recurrir a nuevos contratos... alternando como mecánico fundidor en la firma Herema, propiedad holandesa que se dedicaba a la fabricación de anclas de barcos y otras piezas; luego con un español de nombre Miguel, creando el taller Vulcano, donde a la vez forman como fundidores a varios jóvenes, para luego pasar nuevamente al taller de los hermanos Chasín, donde había ocurrido el fatídico accidente que le afectara de forma severa el ojo izquierdo.

Con la Zulia, que pagaba buen salario, se sintió a las anchas y pudo desarrollarse ampliamente durante un buen tiempo, apoyado un tanto por el administrador, un cubano de apellido Inchástegui, actuando en Valera, Mérida y demás pueblos donde hacían la propaganda de la cerveza, a la vez que regalaban *souvenir* y repartir la bebida. Finalmente se vuelve a quedar sin grupo y regresa a su viejo oficio de fundidor.

Aunque lograba percibir buena paga por los muchos contratos, se encontraba en precaria situación económica: la vida era cara, estaba solo, inestable emocionalmente y no lograba superar su estado de salud en general, acrecentado por el fallecimiento de su esposa y luego el accidente que le dañó un ojo que tenía que atender clínicamente. Aun así, decide, tras gestiones con el Partido Comunista venezolano, llevar a su hijo, que estaba exiliado en Haití al escapar de la persecución batistiana en Santiago de Cuba primero y en La Habana después.

> Yo le quería conseguir un trabajo porque es muchacho preparado, pero quiso trabajar conmigo en el taller, hasta como cinco ó seis meses, pero como él estaba enconchinchao como con catorce estudiantes, estaban en el clandestinaje, entonces teníamos allí un *team* del 26 de Julio, que estábamos en la recogida de Bolívares, recogiendo Bolívares para la Sierra. La campaña decía: «Contribuya con un Bolívar para la Sierra». Esto se llamó «La marcha del Bolívar a la Sierra».

Más de quinientas personas se dedicaron a la recolecta de dinero para enviar a Cuba y Benito se dedicó, con pasión y entrega, a la tarea de fiscalizador. Además, su hijo y los demás muchachos del 26 de Julio exiliados, viajan a Costa Rica, para continuar en sus andanzas conspirativas.

Pero cuando el gobierno de Rómulo Betancourt se sumó a los intereses oligárquicos haciendo favores al gobierno de Batista, se olvidan los honores, reconocimientos y éxitos de tan importante músico y es detenido por haber militado en el Movimiento 26 de Julio de Maracaibo, como parte de la represalia que se desató contra todo cubano-venezolano vinculado o relacionado de alguna forma a los ideales o acciones de la Revolución que se desarrollaba en Cuba y a partir, sobre todo, del frustrado atentado dinamitero que se hizo contra el presidente Betancourt mucho tiempo atrás, y del que no se supo la autoría.

Cuando Ñico es arrestado, muy tardíamente, acusado de haber sido miembro conspirador del supuesto atentado de hacía más de un año, se encontraba en Maracaibo en el restaurante Virgen de la Caridad del Cobre, de un cubano de apellido Magín. Lo trasladan a una prisión de Caracas donde tolera con dignidad los tres meses que pasa en prisión y que son interrumpidos por la gestión del gobierno cubano, a través de su nueva embajada en la capital venezolana, quienes se ocuparon de las gestiones consulares para extraditarlo a Cuba.

Lo sacan de la cárcel y directamente, como quedó establecido oficialmente, debería abandonar el país. Los diplomáticos cubanos lo llevan al aeropuerto y lo montaron en un avión con destino a Cuba. Era el 14 de enero de 1961. Y se hizo historia cuando el noble músico, arrogante y sin vacilación alguna, expresó, momentos antes de abordar el avión que le traería de vuelta a su patria: «tráiganme una guitarra, que aquí me han despojado de todas mis pertenencias, solo me han dejado tres pesos [Bolívares] en los bolsillos, pero mi alegría es tan grande que a Cuba tengo que llegar cantando...». Cuando pone los pies en la losa del aeropuerto de La Habana, no demora en declarar: «Los que amamos a Cuba no podemos vivir en Venezuela. Hay que llegar con la guaracha revolucionaria al pueblo, y para eso estoy aquí».

Al llegar a su patria, va a su vieja habitación clausurada por él cuando emprende su último viaje al exterior del país. Visita el hospedaje donde también pernoctaba en cada viaje y hacía vida, saluda a los viejos amigos y trovadores, y según puede, viaja de inmediato para Santiago de Cuba a encontrarse con su familia y recorrer el barrio donde había nacido. Necesitaba sentirse en su casa, en su ambiente. No dejó de pasear por el parque Céspedes, darse sus tragos «calientes» y aunque con respeto, discreción y sin algarabía, lo que no aceptaba en casa de sus hijos, recibió amigos y dejó oír nuevamente, en su voz y guitarra, aquellas canciones con las que había hecho historia musical.

A Cuchín, su hija, al encontrarla con aquél mal embarazo que sólo le daba por comer naranja Lima, le recomienda que no tenga más hijos, lo que ella reclama al desplomarse en un balansual y le dice que hasta las toallas tienen mal olor. Su padre, dado por vencido, se ríe a carcajadas, la abraza y besa acariciándole el abultado vientre.

Ñico Saquito en la casa de su hija Caridad con sus nietos

Luego de pocas semanas regresa a La Habana y fija su residencia en el hotel Las Villas, donde tenía una habitación desde el año 36, sin abandonar, y a la vez, «un cuartico» que conservaba en la calle Bernaza n.° 156. Pero cuando sale la Ley de Reforma Urbana, pide un local en el barrio de Jesús María, frente a la terminal de trenes, en Egido, y entrega las llaves de la habitación del hotel y del cuarto de la calle Bernaza, que había logrado conservar pese a los años que estuvo residiendo en Venezuela.

Allí, casi frente a los ruidosos trenes, vivió hasta su último viaje a Santiago; reducido, en una especie de «cuartería» con baño común y el espacio mínimo para mal vivir, donde se levantaba rigurosamente a las cinco de la mañana, tomaba un trago de aguardiente de caña Coronilla, se bañaba con agua fría y salía rumbo a la casa de sus viejos amigos Monona y Panchito, donde desayunaba y recogía su correspondencia, por lo que pagaba una mensualidad. Y continuaba la marcha, muy despacio y cuidadosamente, hasta la Bodeguita del Medio.

Luego de aquel breve descanso más bien espiritual en su Santiago, Ñico se incorpora a la vida laboral, siendo ubicado inmediatamente, tras su solicitud, como fundidor en el taller de mantenimiento del Combinado Avícola Nacional y, poco tiempo después, en la termoeléctrica de Tallapiedra, donde no puede continuar laborando por los problemas de la visión, y sin demoras, organiza el Conjunto Oriental y graba un LP en la casa discográfica Panart nacionalizada, dirigida entonces por el también destacado músico y compositor Pedro Vega, donde incluye, entre otras canciones: «Yo no escondo a mi abuela», «Y lo bueno dónde está», «Si me acusas te acuso» y, «Son cosas de Ñico Saquito».

Ñico Saquito en Santiago de Cuba con familia y amigos

La Bodeguita del Medio y Ñico Saquito

Un restaurante de obligada visita en La Habana Vieja es la Bodeguita del Medio, cuando en 1942 Ángel Martínez compra la bodega La Complaciente en la calle Empedrado, no se imaginó que en tan solo unos años se convertiría en un lugar visitado por celebridades como: Pablo Neruda, Ernest Hemingway, Carlos Mastronardi, Gabriela Mistral y Errol Flynn, entre otros. Tal vez su cercanía a la catedral de La Habana o su extraña y céntrica posición geográfica hayan motivado a artistas y bohemios, quienes buscaban la típica comida cubana y el mojito criollo que tanto celebraría el autor de *El viejo y el mar*. En 1949 entra como cocinera «la china», Silvia Torres, quien con sus dotes culinarias ayudó a que creciera su fama. El 1950 se inauguró oficialmente la Bodeguita del Medio.

Por allí han pasado muchos trovadores cubanos y tríos de renombre como El Taicuba, pero hay dos artistas que hicieron del sitio su casa, el manzanillero Carlos Puebla y el santiaguero Ñico Saquito. También ellos fueron una atracción irresistible para todos los que deseaban escuchar y «saborear» la buena música a la par de divertirse con las guarachas de ambos creadores. Después de algunos años de ausencia Ñico regresa a su sitio preferido en La Habana, en 1961, convirtiéndose en casi un símbolo, muchos acuden allí solo para escucharlo.

Todos los días Ñico hace el recorrido desde Jesús María, frente a la terminal de trenes, en Egido, hasta la bodeguita del Medio, es saludado por los amigos que saben cuál es su destino. No equivoca el tramo, las calles lo conocen, las viejas casonas le sonríen, las vidrieras de los establecimientos le devuelven la imagen borrosa de un hombre viejo que Ñico desconoce porque él se siente tan joven como cuando recorría las calles de su Santiago, siempre se pega un perro viejo que lo espera pacientemente en la misma esquina. En los bares escucha su propia música y sonríe. El andar se le vuelve dificultoso cuando llega a la calle de piedra, abre las mamparas y como en las películas del oeste, llega a su mundo armado con su música, aún es temprano hay que barrer el piso, pasar el trapo por las mesas, ayudar en lo que pueda, mientras, toma un traguito de ron y conversa sobre pelota.

Entre las miles de firma de la pared casi no se distingue la suya, no hace falta no hay día en que no se le escuche, a veces es un trío, a veces un trovador, a veces es el viento porque hasta las piedras que tapizan esa calle lo recuerdan.

Ñico Saquito en la Bodeguita del Medio

Y nuevamente comenzaron a acudir turistas y diversos visitantes nacionales y extranjeros a La Bodeguita del Medio para conocer a Ñico, uno de sus más asiduos y populares parroquianos. La noticia de su arribo a Cuba comenzó a correr de boca en boca, y según regresó de Santiago, allí estaba sin faltar un día. Uno de esos, en medio del ajetreo de comensales y músicos, una señora se le acercó y le dijo: «Señor, he venido desde mi país para conocerlo personalmente y saber de usted». Y el noble y humilde artista de fama mundial sólo atinó a darle las gracias, bajó la cabeza ruborizado y volvió a pasar detrás de la barra, donde cooperaba preparando tragos, lavando vasos o sirviendo en las mesas. Así pasó varios años hasta que algunos medios oficiales, tardíamente, reconocieron la genialidad artística y humana de este hombre de Santiago de Cuba. Allí fue donde lo conoció personalmente el ya popular locutor Ángel Rosillo, quien le dio un abrazo lleno de emoción, se presentó como su admirador, y corrió a sus micrófonos de la radioemisora nacional donde ya laboraba, para comenzar a divulgar, por iniciativa propia, toda la música del genio Saquito.

Una de sus últimas fotos en la Bodegita del Medio

Ñico, al regresar a Cuba, entonces con sesenta años, se incorporó voluntariamente a la Bodeguita del Medio, sin salario ni contrato alguno, espacio que tomó como su centro de preferencia y referencia, vida bohemia entre otras cosas, para él estimulantes, y espacio para la búsqueda de asentamiento espiritual y artístico. Lugar que nunca abandonó hasta la noche en que se despidió para viajar a Santiago de Cuba para recibir otro homenaje, como el del año anterior cuando cumplió sus ochenta años y que celebró en las Noches Culturales de la calle Heredia, acompañado de Virulo, Celina González, Carlos Ruiz de la Tejera, Sara González, el dúo Paquitín y Topete (Lorenzo Cisneros H.), Luís Carbonell y Augusto Blanca, entre otros; noche en la que estrenó su última canción:« A mi viejo Santiago». Antes, había recibido la Distinción por la Cultura Nacional. Y de nuevo tomó el avión que le condujo, ahora por última vez, a su pueblo natal.

*Una de las última fotos de Ñico Saquito en Sanatiago de Cuba. Programa Guión 5
Foto: Cortesía de Rolando González*

De matrimonio y certificados

Cuando Benito Antonio se preparó para matrimoniarse aquel 15 de enero del angustioso y difícil año de 1932, luego de cumplir su promesa de solo hacerlo si tenía casa para llevar a la mujer y de pacientes catorce años de noviazgo, no encontró su inscripción de nacimiento. Una de sus hermanas trató de calmarlo diciéndole que él había nacido un 17 de enero de 1902 y él, apresurado como hombre formal, acudió a la notaría a inscribirse llevando a dos testigos, incluyendo en la declaración, dolorosamente... que él era de «padre desconocido». Se inscribe el día «tres de Septiembre de mil novecientos treinta (...) el nacimiento de un varón de raza blanca, ocurrido a las nueve de la mañana del día diez y siete de enero de mil novecientos dos en la calle Mejorana número uno; es de origen y filiación desconocida, no conoce padre ni madre y por tanto abuelos paterno y materno. —Y que al expresado varón se le puso por nombre Antonio Fernández—. (...) Nota: que el varón nombrado Antonio Fernández, a quien se refiere el acta del frente contrajo matrimonio con Carmen Arbelo Rodríguez en el día de hoy...».

Treinta años después, a poco de retornar como repatriado a Cuba y de haber viajado por América, es que uno de sus hermanos varones, buscando papeles para jubilarse, encuentra la otra inscripción de Ñico y se la envía para La Habana, donde entonces vivía el músico. El documento estaba claro: «En la Ciudad de Santiago de Cuba, a las dos de la tarde del día veinte y uno de marzo de mil novecientos uno [declararon los padres de Ñico que](...) que el día 13 de febrero próximo pasado a las siete de la mañana y en su referido domicilio dio a luz la declarante un varón...» (...) «Todo lo cual presenciaron como testigos José Leys y Manuel Nury...». Así que Benito Antonio Fernández Ortiz, hijo de Caridad Ortiz Acosta y de Benito Fernández Junio, había nacido «el jueves 13 de febrero de 1901, en la casa marcada con el número 19 de la calle Santa Rosa, esquina La Mejorana, barrio de El Tívoli». Ya no era de «padre desconocido», cosa esta que le atormentaba sobremanera y que llevaba con profunda pena y dolor. Tenía, al fin, la fecha exacta de su nacimiento. Quedaba entonces por corregir públicamente la fecha de nacimiento con que durante casi sesenta años había vivido. Pero realmente no se ocupó de eso; tenía muchas otras cosas que hacer y un universo artístico musical que esperaba por su impronta y genialidad. Y sin abotonarse bien el cuello de la camisa, salió a conquistar el mundo.

Programa de televisión en La Habana con el cuarteto Alma de Cuba

Este es Ñico Saquito

Benito Antonio Fernández Ortiz, conocido mundialmente como Ñico Saquito, sería acaso uno de los compositores más prolíficos de Cuba, considerando los centenares de composiciones que realizó e inscribió con su autoría y las más de seiscientas que quedaron inéditas. Precursor de grandes momentos culturales del país, incluido el de las «canciones protestas», que cogería cuerpo en la década del sesenta, llevó también como gloria el que fue reconocido popularmente como el «Reportero Musical». Fue Benito Antonio uno de los compositores cubanos que con mayor gracia y humor utilizó el *doble sentido*, como lo hacen patente sus populares guarachas «María Cristina», «El jaleo», «Qué bobo es Juan», «Camina como chencha la gambá», «Adiós compay gato... » y un centenar más.

Fue también el creador de más de doscientos boleros tan logrados como «Qué humanidad», «Cita en Palermo», «Queja», «Volveré», «Te escribiré con sangre», «Habla tu corazón», «Tu decisión», incluyéndose guajiras como «A la orilla del Cauto», «Al vaivén de mi carreta», estrenada en 1938 por Guillermo Portabales (TCD-084), Plegaria de un desterrado y otras.

La producción musical de este ilustre hijo de Santiago de Cuba, abarcó toda la gama de la música popular cubana, incluyendo la campesina, «caprichos y canciones», sin abandonar el guaguancó, para lo que compuso María Belén; en el Chachachá «Te la comiste Jorrín»; y en el tema afro se hizo sentir con «Feliciano ta cansá». En la guaracha se atrevió a conformar nuevas estructuras rítmicas y llevarlas a renombrar como guaracha-son. Compuso «La violetera» al encontrarse en la cárcel de Maracaibo y en Cuba, por la batalla por preservar la Revolución, escribió «La sardina y el tiburón», «Ricos y pobres», y otras, incluyendo una de sus últimas «¿Qué te parece, compay?».

Fue Ñico Saquito sin lugar a dudas, el compositor e intérprete de mayor influencia en toda la música popular cubana y en las bases de lo que luego se llamaría «Salsa». Sus canciones fueron y aún son interpretadas por todo el orbe en las voces de figuras internacionales como el Benny Moré, Compay Segundo, el Septeto Ignacio Piñeiro, Cheo Feliciano, Celia Cruz, Oscar D' León y muchísimos más, lo que le sitúa, precisamente, como el máximo exponente de la guaracha, género que se caracteriza por la incorporación de situaciones risibles y con picardía, dando una estructura que le asocia o emparienta con el Son; composición de permanente vigencia y de obligada factura que se complementa en los estribillos de la canción denominada salsa.

Como colofón por su incansable vida y trabajo ejemplares, Benito Antonio-Ñico Saquito se fue a la inmortalidad con uno de los pasaportes más relevantes con que viajan los grandes: el amor y el reconocimiento de su pueblo, y en aquel cuartucho de La Habana, donde quedaron sus papeles y la guitarra que le acompañó durante más de treinta años, se cerró definitivamente cuando su hijo Antonio y su nieto José Antonio, a los pocos días del fallecimiento del viejo, fueron a recuperar las escasas pero valiosas pertenencias que guardaba debajo de la cama y sobre una pequeña mesa y en una silla como únicos muebles: Tres guitarras, varios discos de acetato traídos de Venezuela, papeles y notas de centenares de canciones que había escrito y que aún no había musicalizado; todo un gran tesoro extraído de la reducida habitación en que vivió el maestro sus últimos días.

Cuando su hijo y su nieto cerraron la puerta que una hora antes habían abierto rompiendo el sello que la clausuraba, fueron directamente a la estación de trenes para despachar los bultos que tan celosamente el maestro había conservado durante cuarenta años. Y no regresaron más a esa dirección de la calle Egido que tan olvidada estuvo durante tantos años.

Caridad y Antonio, hijos de Ñico Saquito, develan la tarja que identifica la casa donde nació el famoso trovador, en Santa Rosa No. 52, esquina a Mejorana, en el Tívoli. (13.2.01)

Y cuando en mi tumba
Se acuerden de mí
No quiero que lloren
Ni quiero tristeza, más bien alegría
llena de emoción

Cántame en mi tumba
canciones cubanas
con sabor a caña
a tabaco y ron
de mi viejo Santiago
con el corazón

Antonio Fernández Arbelo y su hermana Caridad, hijos de Ñico Saquito, develan la tarja en la bóveda de su padre en el centenario del músico. En la extrema derecha, el locutor Rosillo les acompaña

Epílogo

El día que Ñico llegó a Santiago de Cuba en aquella mañana de lluvia torrencial, invitado para recibir otro homenaje público y ver a sus hijos y amigos, no soporta en su cuerpo de casi ochenta y un años la inclemencia del tiempo con el que se enfrentó al salir del avión. En la casa de su hija se había cambiado de ropas lo más rápido posible, luego de que Antonio lo dejara allí tras recogerlo en el aeropuerto. Y aunque no se tomó el chocolate que le prepararon, sí saboreó un buen trago de aguardiente Coronilla. Pero ya en horas tempranas de la tarde, llamaron apresurados a Antonio, quien había regresado a su hogar para descansar un poco, porque el viejo se sentía mal.

Ñico está con calenturas y con algunos temblores aparentemente de un resfrío. Hace falta llevarlo al médico. Consiguen un carro. Lo llevaron apresurado al Hospital Provincial donde diagnostican bronconeumonía complicada con pulmonía. Es trasladado al hospital Ambrosio Grillo donde queda hospitalizado por varios días y finalmente regresa remitido nuevamente al hospital Provincial. Su estado de ánimos no decae, hace chistes, cuentos, se ríe y canta en ocasiones.

Así pasó, afiebrado, once días, en los que no parecía que su mal tomaba fuerzas. Cantó a capella con Antonio más de quince canciones, muchas de ellas inéditas. Sólo se quejaba de que le dolía el pecho y malestar «atrás, en los pulmones...» y continuaba reclamando, impaciente e inocente de su mal: «¿Cuándo voy a salir de esto?», repitiendo, en baja voz y con la respiración dificultosa: »¡Yo voy a durar hasta el 2000; voy a pasar los cien años... ¡» decía a sus hijos y amigos que le acompañaban durante el día y la noche.

Antonio, que estaba siempre con su hermana Caridad junto al padre, tomándole las manos, se había ausentado por un par de horas, regresa precipitado por una llamada de aquella, y aún siente cómo el cuerpo del viejo quiere mantener la vida... pero ya moría. Dos días antes, con buen carácter y haciendo esfuerzos para respirar, le susurra al oído a su hijo: «Es que tengo una trombosis», y se apretaron las manos. Entra en estado de coma el lunes 3 y fallece el martes 4 de agosto de 1982.

Cuando fallece, el 4 de agosto, a las 3:15 de la tarde, ya había cantado su propio duelo —su «testamento musical» según él—, y había pedido que se le cantara en su entierro la sentida y popular canción «En mi viejo Santiago», *con sabor a tabaco, a caña y a ron,* como le gustaba decir. En el mismo hospital se le hizo la mascarilla mortuoria, preparado todo desde días antes por el profesor Asencio Duque, de la Escuela de Arte.

Al día siguiente, a las cinco de la tarde, en el populoso entierro, comenzó a escucharse a viva voz, por todo el pueblo presente, la canción que quería le acompañara hasta la tumba. Y así fue; y nos dijo ¡Adiós¡, pero con un guiño de viejo pícaro, porque sabía que no es posible que alguien escape del tiempo, indiferente, sin tararear, aunque sea un segundo, después de «Mi viejo Santiago», algo así como ¡*Cuidadito, compay gallo, cuidadito*¡

Es que el viejo es de anjá.

Centenario

Cuando nos acercábamos al significativo aniversario cien de su nacimiento, y ante la imposibilidad de publicar este pequeño volumen en tiempo y forma, nos dimos a la tarea de apoyar a Antonio en los preparativos para celebrar el «centenario del viejo», hacer un guion, seleccionar los grupos musicales, coordinar los múltiples detalles con la Oficina del Conservador de la Ciudad, la Dirección Provincial de Cultura, la Empresa de la Música, la Empresa Artística, la Egrem, la radio, televisión, y el sinfín de detalles... sin que falten las invitaciones de los amigos de siempre y de los que solicitaron participar.

En la casa de la familia de Ñico Saquito: de izquierda a derecha sentado Augusto Blanca y Luis Carbonell, parados el autor con los hijos y nietos de Ñico Saquito

La Jornada por el Centenario del Natalicio de Ñico Saquito, del 11 al 13 de febrero de 2001, en Santiago de Cuba, y que se inició en el Archivo Histórico Provincial, incluyó una exposición de objetos personales entre los que estaba la mascarilla que le hicieran al maestro el día de su fallecimiento, y otros artículos e instrumentos musicales. Ahí se desarrolló una sesión teórica y de recuentos históricos para refrescar la memoria. A continuación, diversas actividades musicales se desplegaron por toda la ciudad, para, en la noche, inaugurar la sede del Son-danzón Ñico Saquito, con las actuaciones especiales de Augusto Blanca y el maestro Luis Carbonell, venidos exclusivamente para este evento, entre otros artistas y otros grupos musicales del patio. Las emisoras radiales y los programas de televisión locales, accionaron incesantemente. Como presentador le correspondió a este redactor toda esta jornada. A partir del día siguiente, se sucedieron las actividades conmemorativas de develación de la placa de la casa donde naciera Ñico hacía cien años y de otra en la remodelada bóveda donde reposan los inmortales restos del músico junto a otros familiares, y que pasaron a ser historia también por la búsqueda y reconocimiento de su osamenta por parte del forense; expo fotográfica en el *lobby* del cementerio Santa Ifigenia, inaugurada por María Isabel Hernández, especialista de la Oficina del Conservador de la Ciudad; proyecciones de videos realizados al artista en diversas entrevistas en esta ciudad efectuadas hacía años por Rolando González y María Elena López; palabras del locutor y sentido amigo Rosillo. Remembranzas y valoraciones artísticas y humanas en la voz de Luís Carbonell y del trovador Augusto Blanca. Conmoción en toda la ciudad.

Marita y Oscar Montoto recorren la exposición dedicada a Ñico Saquito que se hiciera en el Archivo Provincial como parte de la jornada por el centenario del nacimiento del popular músico (10.2.01)

Las gestiones que logré hacer durante el evento del centenario con Arbelo y sus familiares, junto al intento por publicar este texto, es el mejor testimonio que modestamente he podido realizar y con lo cual rindo homenaje al maestro.

Pero Ñico Saquito continúa haciendo de las suyas, aunque, irónicamente, muchos no lo conozcan y otros no lo recuerden.

Santiago de Cuba, 2001

María Belén
           Guaguanco Vico Paquito

Se acabo la rebulata
Se acabo maría Belén
Ya ta bueno de Bachata
Ya me ha cansado la lata
Que trae Quirino y su tres

Este negro que se cree
Que es mi casa
Ayude el hombre
Tiene el que hechar un pie

A ni que va
esto se acaba
porque esto
no se acaba
Le mucho
a Quirino al tres

        Montuno

Que te gusta
bailar enchutao
con el negro Quirino

Si si lo oye
que no venga oye
Ya ya ta bueno
de Bachata

Si si lo oye
que se vaya ti el ter

ANEXOS

que ya yo no Sirbo que yo soy un viejo
me tira en el Suelo
me rompe la ropa
y despues que lo Noja
me quiere matar; esa aveja Loca
— Nocturno

no Cunda el pánico
So viejo maldito
me Sala los pelos
y Si grito Si grito
Callate Soldao
Que te voy a matar
á esa aveja Loca
— Nocturno

Con yerva de Huevos
y em unas llervitas
y Con unas Hormigas
Que ella me inyestaba
para alimentarme
Que Valvaridad
esa aveja Loca
— Nocturno

y despues que estoy destrozado
tengo que tropezar en un Hospital
y alli se meten de alli desventajas
muerto en la camilla
me tienen que sacar

esa aveja Loca — — — va para allá
Donde quiera que yo voy — va para allá
Si voy para esquina — va para allá
Si voy de vacauciones — va pa alla
Si voy pa la Cantina
Si voy al Hospital —
esa aveja Loca

Composiciones[1]

1. A la mocha / Guaracha

2. A la rubita hay que hervirla / guajira(guaracha)

3. A lo mejor eres tu / Bolero

4. A los tabaqueros de Tampa / Guaracha

5. A mí lo mismo me da / Guaracha

6. A mí me gusta el cha cha cha / Chachachá

7. A mí no me enredas tu / Guaracha

8. A mi rival hay que hervirlo / Guaracha

9. A orillas del cauto (Así no papacito así no) / Guajira

10. A tus ojos lindos / Bolero

11. A Somoza lo van a hervir / Guaracha

12. Acuérdate de mi / Bolero

13. Adiós compay gato / Guaracha

14. Adiós para siempre / Bolero

15. Aflojo bastidor / Pregón

16. Ahí viene la bolita por la canalita / Guaracha

---

1. Catálogo de composiciones. Archivo familiar de Ñico Saquito aportado por su nieto Alejandro Fernández Ávila.

17. **Ahí viene Quirino** (Quirino con su tres) / Guaracha

18. **Ahora en mi Cuba hay libertad** / Son Montuno

19. **Ahora es cuando es** / Guaracha

20. **Ahora que Viet Nam es libre** / Guaracha

21. **Ahora si que hay libertad** / Son Montuno

22. **Ahora si que te vi** / Guaracha

23. **Al que le caiga que aguanta** / Guaracha

24. **Al real y medio** (A real y medio) / Guaracha

25. **Al vaivén de mi carreta** / Guajira

26. **Angoleño** / Guaracha

27. **Añorándote estuve** (Te estuve añorando) / Bolero

28. **Apátrida** / Guajira(criolla)

29. **Aquel rinconcito** / Guaracha

30. **Aquella tarde** / Bolero

31. **Aquí el que manda es Fidel** / Guaracha

32. **Aquí, saboreando el picadillo** / Guaracha

33. **Arriba chileno** / Guaracha

34. **Arrolla el pan paran pan pan** / Conga

35. **Arrollando con los tambores** / Conga

36. **Así no es corazón como se ama** / Bolero

37. **Atezo bastidor** / Pregón

38. **Ay compay Ramón** (Compay Ramón) / Guaracha

39. **Ay corazón** / Bolero

40. **Ay mismo me jalo yo** / Guaracha

41. **Ay que casualidad** / Guaracha

42. **Ay que me da** / Guaracha

43. **Ay, que chiqui, chiqui** / Guaracha

44. **Ayaca** / Pregón

45. **Ayer y hoy** / Bolero

46. **Ayuden a Fidel** / Guaracha

47. **Báñate Manuel** / Guaracha

48. **Besos de fuego** / Bolero

49. **Bienvenido a Cuba Allende** / Guaracha

50. **Black Man** / Guaracha

51. **Borinquén** / Guaracha

52. **Borrachera de amor** / Bolero

53. **Buscado tranquilidad** / Guaracha

54. **Buscando la melodía** / Guajira

55. **Buscando la voluntad** / Guaracha

56. **Caballito e quequi** / Guaracha

57. **Calambanbin calambanban** / Guaracha

58. **Camarón apaga la luz** / Guaracha

59. **Cambia esa tonada** / Guaracha

60. **Cambiaron a Jorge** / Guaracha

61. **Camina a trabajar**

62. **Camina Como Chencha la Gamba** / Guaracha

63. **Camina Pá la escuela Cachita** / Guaracha

64. **Camina Sulacran** / Guaracha

65. **Campana** / Son

66. **Cañandonga** / Guaracha

67. **Caracol con ajo** / Conga

68. **Castigadora** / Bolero

69. **Chau Chau** / Guaracha

70. **Chicharrita** / Pregón

71. **Choncholí se va pal monte** / Guaracha

72. **Chopin chopan** / Guaracha

73. **Cien canciones** / Bolero Son

74. **Cita en Palermo** / Bolero

75. **Ciudad Jardín** (Que lindo esta mi Santiago) / Guaracha

76. **Comadrita la rana** / Guaracha

77. **Come tierra** / Guaracha

78. **Como bailan los viejitos** (Como Bailan Mambo los Viejitos) / Guaracha

79. **Como duele eso** / Guaracha

80. **Como es posible** / Guaracha

81. **Como me engañaste** / Bolero

82. **Como quiera que te pongas** / Guaracha

83. **Como se hace la bongó** / Son Oriental

84. **Como son las guajiras** / Son Montuno

85. **Como tarzan lleva a Juana** (De rama en Rama) / Guaracha

86. **Como tú me despediste** / Bolero

87. **Como tú me despreciaste** / Bolero

88. **Como tú seas yo seré** / Guaracha

89. **Como viene el año cuarenta** / Son

90. **Compay Cotunto** / Son Montuno

91. **Compay Pelencho** / Guaracha

92. **Compay Ramón** (Ay Compay Ramón)-Con real y medio / Guaracha

93. Cómprate un perro / Guaracha

94. Con la pasa pará / Guaracha

95. Con que decencia / Guaracha Son

96. Con que tu Eres Aquella / Bolero Son

97. Conmigo no que yo te se / Guaracha

98. Conmigo si con dios no / Bolero

99. Conque tu eres aquel / Guaracha

100. Corazoncito de mi vida / Bolero

101. Cosas del compay Antón / Guaracha

102. Cuando bajen los marcianos / Guaracha - Cha Cha Cha

103. Cuando lleguen los Marcianos / Guaracha

104. Cuando me encuentres / Bolero

105. Cuando me ponga en el duro (Cuando San Juan Baje el dedo) / Guaracha

106. Cuando me recuerdes / Bolero

107. Cuando pienso en ti / Bolero

108. Cuando se caiga el fascismo / Guaracha

109. Cuando tu quieras gozar / Son Montuno

110. Cuando venga Danielito / Guaracha

111. Cuba es para los cubanos / Bolero

112. **Cubanícense** / Guaracha Son

113. **Cuéntame Marilú** / Guaracha

114. **Cuidadito compay gallo** / Guaracha

115. **Cuidado con el gato** / Guaracha

116. **Curruta curruta** / Guaracha

117. **Dale candado** / Guaracha

118. **Dale candela y tu verás** / Guaracha

119. **Dale tumba** / Conga

120. **De donde son los cantantes** / Guaracha

121. **De los hoyos pál Tivolí** / Conga

122. **De todo un poco** / Guaracha

123. **Deja a esa mujer** / Guaracha

124. **Déjalos que vengan** / Guaracha

125. **Déjame quererte** (estoy enamorado de ti) / Bolero

126. **Del codo al caño** / Guaracha

127. **Después de las Diez no se** / Guaracha

128. **Dile que el viento me llevo** / Guaracha

129. **Dile que si** / Bolero

130. **Dime cariñito que te pasa** (que te pasa cariñito)-dime cariñito / Bolero

131. **Dime con quien andas** / Guaracha
132. **Dime porque** / Bolero

133. **Dime si es felicidad** (Dime si esto es vida) / Bolero Son

134. **Dime si es mentira** (Dime si es verdad) / Guaracha

135. **Dios te bendiga mujer** (Me gustas) / Bolero

136. **Don Benito está en la papa** / Guaracha

137. **Donde están** / Conga

138. **Donde hay Jacket no hay fantasma** / Guaracha

139. **Donde me pongo Cachita** / Guaracha

140. **Donde te metes Cachita** / Guaracha

141. **Dos Almas**

142. **Duda** / Bolero

143. **Échale tierra y tápalo** / Guaracha

144. **Échame la culpa a mi** / Son montuno

145. **El aguacatero** / Pregón

146. **El amante de mi esposa** / Guaracha

147. **El amor de mi guajira** / Son Montuno

148. **El año cuarenta** / Son - Guajiro

149. **El Arito Hula Hula** / Guaracha

150. **El berrinché de María y el jelengue de Agustín** / Guaracha

151. El botellero / Guaracha Son

152. El cariño no es el mismo / Bolero

153. El cauto caudaloso / Guaracha

154. El chinito sinvergüenza / Guaracha

155. El club de los mamadores / Guaracha

156. El coco raspao / Guaracha

157. El comején / Guaracha

158. El comodón / Guaracha

159. El compay Salomón / Guaracha

160. El contra baladista / Guaracha

161. El día que yo me case / Guaracha

162. El disgusto del Compay / Guaracha

163. El ejemplo de Sandino / Capricho

164. El ejemplo del Che / Guaracha

165. El empacho de Ramona(Ramona deja ese c) / Guaracha

166. El enredo / Guaracha

167. El filibustero / Guaracha

168. El filin tiene jelengue / Son Montuno

169. El frio de New York / Guaracha

170. El golpe de cintura / Guaracha

171. El guajiro y su suegra / Guajira

172. El honor de Allende / Guaracha

173. El jaibero (Ten cuida con mi jaiba que pica) / Pregón

174. El jaleo / Son Montuno

175. El jelengue de Guatergato / Guaracha

176. El llemitero / Pregón

177. El llereye / Guaracha

178. El martillo y el clavo (Clavando con el martillo) / Guaracha

179. El muerto de Caridad / Guaracha

180. El muerto resucitó / Guaracha

181. El muñeco (Como yo no hay quien baile el muñeco) / Guaracha

182. El muñequito / Guaracha

183. El papalote / Guaracha

184. El peluquero / Guaracha

185. El perro y el rabo / Guaracha

186. El pulmerón / Conga

187. El que manda aquí es Fidel / Guaracha

188. El que me ensucia no me limpia / Guaracha

189. El que se acuesta con muchacho / Guaracha

190. El que se para pierde el compas (Si me paro pierdo el compas)(como me pare no se de mi) / Conga

191. El raspadurero / Bolero

192. El reto / Bolero

193. El sofá de don Cornelio / Guaracha

194. El Son de la maquina (Au rythmr de ma Carriole) / Son Montuno

195. El teje madeje / Guaracha

196. El televisor / Guaracha

197. El tembleque / Guaracha

198. El tira y jala / Guaracha

199. El tren de los guaracheros / Guaracha Son

200. El trompo y la cabuya / Guaracha

201. El tropezón / Guaracha Son

202. El turbante de Hilda / Guaracha

203. El viejito sinvergüenza / Guaracha

204. El viejito simpático / Guaracha

205. El vigilante de mi amor / Bolero

206. Eliminen al pesao / Guaracha

207. En el conuco de Bartolo / Son Montuno

208. **En el rio** / Son Montuno

209. **En las entrañas del monstruo** / Capricho

210. **En mi conuco** (Mi conuco) / Guajira

211. **En mi viejo Santiago** / Bolero

212. **En ti sola** / Bolero

213. **En tu soledad** / Bolero

214. **Enséñame el muerto** / Guaracha

215. **Epabilate Mariana** (Ay Mariana espabílate) / Guaracha

216. **Errante peregrino** / Canción

217. **Errores de mi vida** / Bolero

218. **Esas no son guajiras** / Son Montuno

219. **Ese amigo** / Guaracha

220. **Eso de chile se hincha** / Guaracha

221. **Eso no puede ser** / Guaracha Son

222. **Esos no van** / Guaracha

223. **Esta es la única noche que no la paso contigo** / Guaracha

224. **Esta noche la paso contigo** / Guaracha

225. **Esto lo digo yo** / Guaracha

226. **Esto no es ye ye** / Guaracha

227. **Esto no lo ha dicho nadie** / Guaracha

228. **Esto no lo tumba nadie** / Guaracha

229. **Esto si es cubano** / Guaracha

230. **Esto si es un son cubano** / Son Montuno

231. **Esto si que esta gracioso** / Guaracha

232. **Estoy erizao** / Guaracha

233. **Estoy hecho tierra** / Guaracha

234. **Estoy panetela** / Guaracha

235. **Eterna despedida** / Canción

236. **Facundo** / Guaracha

237. **Facundo trabaja ya** / Guaracha

238. **Feliciano mesa** / Conga

239. **Feliciano ta cansa** / Conga

240. **Francisco del otro lado** / Guaracha

241. **Fuego a la lata** / Rumba

242. **Fuerza de voluntad** / Guaracha

243. **Gallo con pollo** / Guaracha

244. **Goodbye mambo** / Danzon Chachachá

245. **Guajira de monte adentro** / Guajira

246. **Habla corazón** / Bolero

247. **Havana Club** / Guaracha

248. **Hijo de perra** (El Hara Kiri) / Guaracha

249. **Honorable** / Bolero Son

250. **Huye que te coje el guao** / Guaracha

251. **Imposible** / Bolero

252. **Inhumana** / Canción

253. **Interpreta mi silencio** / Bolero

254. **Jacarandosa** / Guaracha

255. **Jamás te olvidare** / Bolero

256. **La abeja loca** / Guaracha

257. **La atómica humana** / Guaracha

258. **La basura no se esconde** / Guaracha

259. **La botaste Jorrin** / Chachachá

260. **La canción colosal** / Bolero

261. **La canción del arriero** / Criolla

262. **La canción del labrador** / Criolla

263. **La chiva** / Guaracha

264. **La comadre Catalina** (Que rompe la columbina) / Guaracha

265. La conformidad / Bolero

266. La conga de los Blanquito / Conga

267. La conga de los moreno (negros) / Conga

268. La conga de Prío / Conga

269. La conga del 16 / Conga

270. La conga del caracol / Conga

271. La cosita / Guaracha

272. La familia de Chencha / Guaracha

273. La fiesta de los feos / Guaracha

274. La fiesta de los ratones / Guaracha

275. La fiesta del pollo / Guaracha

276. La gallina de la calle / Son

277. La gallina prieta / Son

278. La Gran emoción / Bolero

279. La guaracha de HP / Guaracha

280. La guaracha de la jicotea / Guaracha

281. La guaracha de los refranes / Guaracha

282. La ley de alquileres / Guaracha

283. La muerte viejo / Guaracha

284. **La negra Leonor** (El arruyembere caua) / Conga

285. **La negrita Caridad** / Guaracha

286. **La pasé contigo**

287. **La paz de Viet Nam** / Guaracha

288. **La peste en Punta del Este** / Guaracha

289. **La potencia concentrada** / Guaracha

290. **La radio de Leonor** (Tu ves como tu no arreglas na) / Guaracha

291. **La ratonera humana** / Guaracha Son

292. **La sardina y el tiburón** / Guaracha

293. **La soga Mingollo** / Guaracha

294. **La soguita** / Guaracha

295. **La tierrita**

296. **La venganza del Perico** (Están Cacareando las Gallinas) / Guaracha

297. **La verdad del carretero** / Son Montuno

298. **La vida para mi no sigue igual** / Canción Lamento

299. **La violetera** / Guaracha

300. **La visita de Nixón a Moscú** / Guaracha

301. **La viuda ta alborota** / Guaracha

302. **Las cuentas de mi tío** / Guaracha

303. **Las mujeres mandan** / Guaracha

304. **Limpiaron la pista** / Guaracha

305. **Lo de Chile se hincha** / Bolero Son

306. **Lo de nunca acabar** / Guaracha

307. **Lo mío es mío** / Montuno chachachá

308. **Lo mismo** / Guaracha

309. **Lo que a mí me gusta** / Guaracha

310. **Lo que dijo Fidel** / Guaracha

311. **Lo que me gusta de ti** / Bolero

312. **Los bueyes se comen el maíz**

313. **Los ejes de mi carreta**

314. **Los hombres no lloran** / Guaracha

315. **Los perros del curro** / Guaracha

316. **Los príncipes de gales** / Conga

317. **Los que son y no son** / Son Montuno

318. **Los quiero vivo** / Guaracha

319. **Los viejos tranvías** / Guaracha

320. **Madre sin alma** / Bolero Son

321. **Mala yerba** / Guaracha

322. María Belén / Guaguancó

323 María Cristina / Guaracha

324. Mas abajito / Guaracha

325. Me avisas / Bolero Son

326. Me engañaste / Bolero

327. Me tenían amarrao con P / Guaracha

328. Me voy de viaje / Guaracha Son

329. Me voy pa la luna / Guaracha

330. Menéame la cuna Ramón / Guaracha

331. Menos mal / Bolero

332. Mentira de radio swan / Guaracha

333. Mercenarios por tractores / Guaracha

334. Mi acróstico para ti / Bolero

335. Mi alma es mi amiga / Bolero

336. Mi Arturito / Guaracha

337. Mi chocita / Guaracha

338. Mi cinturita / Guaracha

339. Mi Danielito

340. Mi madre fue / Bolero Son

341. **Mi negra quiere ser blanca** / Guaracha Son

342. **Mi rico Son** / Son Montuno

343. **Mi son es un misterio** (Misterio) / Son Montuno

344. **Mi soncito** / Son

345. **Mi último mensaje** / Capricho

346. **Mil canciones** / Bolero

347. **Mimí pinzón** / Guaracha

348. **Mira mira mira** / Guaracha

349. **Mira que hay que aguantar paquetes** (Que Paquete) / Guaracha

350. **Mis angustias y mis lamentos** / Bolero

351. **Mis dos motores** / Guaracha

352. **Mis ojos te odian** /Bolero Son

353. **Mis piedras son de alicante** / Guaracha

354. **Mis tres cositas** / Guaracha

355. **Mozambique si, filin no** / Guaracha

356. **Muchas gracias** / Bolero

357. **Mucho corazón** / Bolero

358. **Muy agradecidos**

359. **Nada me pediste** / Bolero

360. **Nada tiene que envidiar** (Calambambin,Calambamban) / Guaracha

361. **Nadie se muere de amor** / Bolero

362. **Nadie tiene que saber** / Bolero

363. **Ni hablar del peluquín** / Guaracha

364. **Ni veo hoy** / Guaracha

365. **No creas en amistades** / Bolero

366. **No dejes camino por vereda** / Son Montuno

367. **No era posible** / Bolero

368. **No es lo mismo** / Guaracha

369. **No hay cama pa tanta gente** / Guaracha

370. **No hay puesto pa tanta gente** / Guaracha

371. **No hay suegra como la mía** / Guaracha

372. **No lo creas si no quieres** / Guaracha

373. **No lo ocultes**(A nadie tu le ocultes mi Cariño) / Bolero

374. **No me despiertes al niño** / Guaracha

375. **No me enredes** / Guaracha

376. **No me la mientes** / Bolero Son

377. **No me mandes con mi suegra** / Guaracha

378. **No me mintieron** / Bolero

379. **No me voy a casar** / Guaracha

380. **No pique aquí** / Guaracha

381. **No puede ser** / Guaracha

382. **No se metan con Fidel** / Guaracha

383. **No se metan conmigo** / Guaracha

384. **No seas así** / Bolero

385. **No te sorprendas que eso no es na** / Conga

386. **No te vistas que no va** / Conga

387. **Nuestra luna de miel**

388. **Nuestras almas** / Bolero

389. **Nuestro secreto** / Bolero

390. **Nunca pensé** / Bolero

391. **Ña canda** / Son Afro

392. **Ñico Saquito dice** / Guaracha

393. **Olas, espumas y canciones** / Bolero

394. **Olvídate de mi** / Bolero

395. **Ordene, comandante, ordene** (Cuando se forme la tiradera) / Guaracha

396. **Oriente es la región** / Son Montuno

397. **Oye como es mi pelota** / Guaracha

398. **Oye el aire de Miguel** / Guaracha

399. **Oye el cuento de Quevedo** / Guaracha

400. **Oye mi son montuno** / Son Montuno

401. **Papita salcocha** / Son Montuno

402. **Para gozar y sufrir** / Guaracha

403. **Para que compruebes** / Bolero

404. **Pellízcame donde no me duela** / Guaracha

405. **Pepe sabroso** / Guaracha Mambo

406. **Perdí mi madre** / Criolla

407. **Pero que niña** / Son Montuno

408. **Pero que noche la de anoche** / Guaracha

409. **Pincha la Papa** / Guaracha

410. **Plátano verde salcochao** / Son Montuno

411. **Plegaria de amor** / Bolero

412. **Plegaria de un desterrado** / Bolero

413. **Pobre alma** / Bolero

414. **Pobre Bartola**(El amor de Bartola) / Guaracha

415. **Ponte la capa de agua** / Son Montuno

416. **Por correspondencia** / Guaracha

417. **Por eso te olvide** / Bolero

418. **Por un besito** / Guaracha

419. **Porque latió** / Son

420. **Porque tú no eres mía** / Bolero

421. **Preocupación** / Bolero

422. **Prepara tu cañón chapita** / Guaracha

423. **Prepárame la maleta** / Guaracha

424. **Prieta** / Guaracha

425. **Proposiciones** / Bolero Guaracha

426. **Prosperidad**

427. **Puerto Rico será libre** / Guaracha

428. **Purrun pun pun que se rrompe el catre** / Guaracha

429. **Qué agradable** / Bolero

430. **Que apellido** / Guaracha

431. **Que bobo es Juan** / Guaracha

432. **Que buen aguinaldo** / Son Montuno

433. **Que buen vacilón** / Guaracha

434. **Que buena amiga** / Guaracha

435. **Que bueno esta ese refrán** / Guaracha

436. Qué como yo estoy / Guaracha

437. Qué cosa tiene esa nena (Porque no pudes con ella) / Guaracha

438. Qué cuartico caballero / Guaracha

439. Qué embustera es mi mujer / Guaracha

440. Qué es lo que pasa con Cuba / Son Montuno

441. Qué gente compay que gente / Son Montuno

442. Que humanidad / Bolero

443. Qué Jaleo / Son Montuno

444. Qué lastima / Bolero

445. Que lio compay Andrés / Guaracha

446. Qué mal tu me pagaste (El ermitaño) / Bolero

447. Qué noche buena guajira / Son Montuno

448. Qué pasa en esa Habana / Guaracha

449. Qué paso con el coco / Guaracha

450. Qué picúa / Guaracha

451. Qué sabroso es el bimbon / Guaracha

452. Que se aprendan la lección / Guaracha

453. Que se lo cuenten al otro / Bolero

454. Que se vayan / Guaracha

455. Que te lo cuente otro / Guaracha

456. Qué te parece mi compay / Guajira

457. Qué te pasa mi compay / Guajira

458. Que venga la paz / Guaracha

459. Queja / Bolero

460. Quién eres tu / Guaracha

461. Quién es Elena / Guaracha

462. Quién me diría que tu / Bolero

463. Quién puso la bomba / Guaracha

464. Quién será ella / Guaracha

465. Quien son Facundo / Guaracha

466. Quien son los come caliente / Guaracha

467. Quién te lleva al altar / Guaracha

468. Quiquiriquí miau / Guaracha

469. Quítate tu pa ponerme yo / Guaracha Son

470. Recordarte para que / Bolero

471. Rosalía / Son

472. Saca la javita(El viandero) / Pregón

473. Sacrificio de amor / Bolero

474. **Saguita al bate** / Guaracha Son

475. **Santíguala** / Guaracha

476. **Se alquila una habitación** / Guaracha

477. **Serás feliz** / Bolero

478. **Si me buscan me encontraran** / Guaracha

479. **Si me paro no se de mi**

480. **Si mi negra monta en coche** / Guaracha

481. **Si te ocultaras** / Bolero

482. **Si tu conocieras** / Bolero

483. **Si tú me acusas te acuso** / Guaracha

484. **Si tú me llevas te llevo** / Guaracha

485. **Si tú no te sopla te soplo** / Guaracha

486. **Si tú Supieras**

487. **Si yo fuera presidente** (Trinidad y hermano) / Guajira

488. **Si yo pudiera** / Bolero

489. **Siempre, siempre, siempre** / Bolero

490. **Sigue el entierro cochero** / Guaracha

491. **Silverio, Facundo y la Luna** / Guaracha

492. **Silvino y Elena** / Guaracha

493. Sin azúcar no hay país / Guaracha

494. Sin oriente no hay Cuba / Son Montuno

495. Solo dios sabe / Bolero

496. Son sabrosón / Son

497. Sonámbula luna / Bolero

498. Soñar contigo / Bolero

499. Soy de monte adentro / Son Montuno

500. Suaritos en el Tibiri Távara / Guaracha

501. Suénale los cañones / Guaracha

502. Sujétate Juaniquita / Guaracha

503. Zumba la Guasa / Son

504. Ta bueno de Changüí / Changüí Oriental

505. Ta Fufú Ruñí / Conga

506. Ta Inflao / Guaracha

507. Te acordarás de mí / Bolero

508. Te escribiré con música   Bolero

509. Te escribiré con sangre   Bolero

510. Te hice daño mi vidita   Bolero

511. Te la comiste nene / Guaracha

512. **Te perdí para siempre** / Capricho

513. **Te quemare el corazón** / Bolero

514. **Tempranito** / Bolero

515. **Tengo dos amores** (Los amores de mi vida) / Bolero

516. **Tengo miedo** / Bolero

517. **Tengo un beso para ti** / Bolero

518. **Tenguere que tengue** / Pregón

519. **Tira y tapate** (El tira y tapate) / Son Montuno

520. **Tírese general** (que esta bajito) / Guaracha

521. **Tócale la campana** / Guaracha

522. **Todos lo sabían** / Guaracha

523. **Traicionera** / Bolero

524. **Traquetéala** / Guaracha

525. **Tres cositas** Guaracha

526. **Tu alma y la mía** / Bolero

527. **Tu decisión** / Bolero

528. **Tu linda boca** / Bolero

529. **Tú me gustas** (Me gustas y te quiero) / Bolero

530. **Tu no querías conga** / Conga

531. **Tu pasado** / Bolero

532. Tu quiele cambia pa mi / Guaracha

533. Tu quieres un pueblo / Guaracha

534. Tus Labios me han mentido / Bolero

535. Tuve tuve como tú no arreglas ná / Guaracha

536. Un domingo en el batey / Son Montuno

537. Un lio conyugal / Guaracha

538. Un pedacito de cielo / Bolero

539. Una apuesta de amor / Bolero

540. Vacúnate mi socio / Guaracha

541. Ven a mi finca comete negro tu pinol / Son Montuno

542. Venezuela / Lamento

543. Vete pal diablo Teresa / Guaracha

544. Viejo verde (Tus marugas no suenan) / Guaracha

545. Visita inesperada / Bolero

546. Vitaminate / Guaracha

547. Volveré / Bolero

548. Voy pa los Hoyos / Conga

549. Voy pa´ la Trocha / Conga

550. Y las fieras dónde están / Guaracha

551. Y lo bueno dóde está / Guaracha

552. Ya don Rafael habló / Guaracha

553. Ya llegó Chan Li Po   Guaracha

554. Ya llegó el momento / Guaracha

555. Ya Maracaibo tiene Chachachá (el chachachá de Maracaibo) / Chachachá

556. Ya me extrañaba / Bolero

557. Ya me voy (Trábalo) / Pregón

558. Ya que estoy en mi Cubita / Guaracha

559. Ya tu no sientes / Son

560. Ya tu pollo no pía / Guaracha

561. Ya tu ve como tú no arreglas ná / Guaracha

562. Ya voy comprendiendo / Bolero

563. Yo acuso / Guaracha

564. Yo conozco a los pájaros por la maldad (La Maldad) / Guaracha

565. Yo no creo en los hombres / Guaracha

566. Yo no escondo a mi abuelita (Yo se donde esta mi abuela) / Bolero Chachachá

567. Yo quisiera ser cangrejo / Son

568. Yo sé que tú me odias (Te pagare siempre bien) / Bolero

569. Yo sé Yo sé Yo se / Bolero

Mis Piedras Son de alicantés
Guaracha de Ñico Saquito
Con tantas músicas
linda y preciosa
Que tiene mi Cuba
de Sindo Garay
Con tantas músicas
linda y preciosa
Que tiene mi Cuba
de Manuel Corona
Con tantas músicas
linda y preciosa
Que tiene mi Cuba
de Rosendo Ruiz
de Matamoros
La que tiene de Cueto
y la que tiene de Siro
y Chico Crenet
y la de tantos compositores
Que de Jesús solla para mi país.

"Que si lo Cuentes al Otro"
Guaracha Mea Saquito

A mi no me cuentes nada
Cuéntaselo al otro querer
Por quiere ella me engañaba
que a el le contiero saber
esto que voy a decir
esto a mi me lo contaron
~~que como me lo contaron~~
así mismo lo voy a decir

~~Cuando~~ la tiene
que
se la casa
de mi suegra hay que estar
Cuando
ella como chuchamos en Miami
ese día me cuida My Sequita
y cuando siempre ~~ella~~
~~s~~ay ve las
~~s~~ lo que alli pasa
me de la casa

A mi, Suegra
no la ~~pojeaba~~ lo hostar
Cuando
como chuchamos en Miami
ese día me cuida My Sequita
ella me como mi ~~ducita~~ Sucita
y cómo como mi ducita
yo no se lo que pasa
~~Pero~~ se que de casa
Como mi tío hay que salir

Como Siempre My Sequita
ella me cuida y siempre
y come que suerta
yo no sé lo que allí pasa
Pero con mi mamacita

Bibliografía

Archivo personal de Antonio Fernández Arbelo.

Documentos de Alberto Muguercia del archivo personal de Antonio Fernández Arbelo.

Fondo Ñico Saquito del Archivo Provincial de Santiago de Cuba.

Biblioteca Provincial Elvira Cape.

Actas de Nacimiento.

Periódico *Juventud Rebelde*: 1ro. de marzo de 1981 y 21 de noviembre de 2000.

Periódico *Sierra Maestra:* 24 de enero de 1961; 3 y 17 de febrero de 1981.ero de 1981.

Periódico *Trabajadores*: 11 de marzo de 2002.

Documentos de Alberto Muguercia del Archivo personal del autor.

Enciclopedia Microsoft Encarta 2000

Otras fuentes

Entrevistas a:

Antonio Fernández Arbelo (Hijo de Ñico)

Caridad F. Fernández Arbelo, Cuchín (Hija de Ñico)

José A. Fernández Calzado, Toni (Nieto de Ñico)

María del C. Fernández Calzado, Maruca (Nieta de Ñico)

Ángel E. Rosillo Heredia (Locutor radial. Amigo de Ñico)

Reinaldo Cedeño Pineda (Periodista e investigador cultural).

Fotos

Fotos de Ñico Saquito: Archivo de Antonio Fernández Arbelo.

Fotos del Centenario: Oscar Montoto Mayor

Catalogo de canciones: Archivo de Alejandro Fernández (Nieto de Ñico)

ACERCA DEL AUTOR

Oscar Montoto Mayor

Oscar Montoto Mayor (Baracoa, Cuba, 1948) Profesor, escritor, editor, historiador, promotor cultural.

Por su larga hoja de servicio dedicado a la cultura cubana, obtiene en 1982, de la Dirección de Aficionados de Casas de Cultura, Diploma por su «Labor destacada en la Conservación y Difusión de nuestras Tradiciones Culturales». En el año 2000, el Centro Nacional de la Cultura Comunitaria, le otorga el Premio Nacional Olga Alonso por destacada labor Socialcultural Comunitaria. Y en el 2007, también del Ministerio de Cultura, obtiene Reconocimiento del Instituto Cubano del Libro por sus más de 30 años de labor en la Institución, y su aporte al desarrollo del libro y la literatura en Cuba.

Fue cofundador de la revista científico histórica *El Yunque*, y de literatura *Maguana*, ambas en su pueblo natal, donde funda también el cine club GECA que se integraría en la Federación Nacional de cine clubes de Cuba. Fue director fundador de la revista *Guantánamo*, luego filma un documental al destacado musico Rafael Inciarte, y junto a la doctora Florentina Boti, logran la primera exposición de las acuarelas y varios textos también inéditos del poeta y pintor Regino Eladio Boti Barreiro. Entonces fungía como asesor literario de la dirección municipal de Cultura, publicando a la vez crítica de cine, arte e historia en una sección de la prensa provincial. Funda el grupo de teatro *La Cachila* y con fotos colabora con varios periódicos provincial y nacionales. Desde la dirección provincial, como especialista del Atlas de la Cultura Popular Tradicional Cubana, logra reconocimiento nacional por el rescate y estudio del «Altar de Torno», ceremonia religiosa desaparecida desde hacía décadas y única en el país.

En Santiago de Cuba, a partir de 1992-2011, fue técnico literario en la Casa Municipal de Cultura Miguel Matamoros, fundador-director del proyecto Ediciones Catedral, especialista del Centro de Promoción Literaria José Soler Puig, editor de Ediciones Santiago, funda el taller literario José Soler Puig y escribe y conduce el programa *Arte Soy,* de Tele Turquino. En el año 2002, viaja a los Estados Unidos invitado por la Cornell University, la Fundación del Indio Americano y el Smithsonian, para presentar el libro *Panchito, cacique de montaña,* del doctor José Barreiro, e investigar sobre la cultura indocubana.

Como autor ha colaborado en *Maguana, El Yunque, Venceremos, Guantánamo, Perfil de Santiago, Ideas, Teocalli, Oráculo* (México), *Meridiani, Panorama travel* (Italia), *Air* (España).

Aparece en *Memorias del Congreso de Poesía* (2003), *Marino Wilson Jay: la esperanza y el hombre* (2001), *Tercer libro de las presentaciones* (2004), *Dadme mi lira. Antología de poemas* (2004), *Poetas y escritores Miami* (2016), revista *Ekatombe* (2017) y otros.

Ha publicado *De la historia y la técnica cinematográficas,* 1980. *Dos tiempos de la vida, Poesía,* 1990. *Mi diario de navegación,* 1996. *Los santos de mamá Caridad,* 2001. *Confesiones desde la inocencia,* 2003. *Memorias del Congreso Mundial de Poesía de Santiago de Cuba,* 2003. *La increíble historia del doctor Faber,* 2005 y 2016. *El álbum de fotos Club Baracoa. Aniversario,* 2003. *El descanso definitivo. Repatriación del ancestro indocubano,* 2006. *Baracoa. Referencias históricas,* 2011. *Regino Eladio y Florentina Regis Boti,* 2014, *Ñico Saquito,* 2009 y 2017. Como fotógrafo colaboró en diversas publicaciones.

Prepara junto al historiador Willy Ruiz Guilarte, la poesía publicada en Baracoa (1930-1959) y los periódicos editados desde 1883 hasta 1959.

OTROS TÍTULOS

Andrés Echevarría Callava, Niño Rivera

El Niño Rivera, uno de los treseros más importantes de la historia de la música cubana, fue un innovador, vanguardista, uno de los compositores y arreglistas más importantes de su tiempo. Su obra «El Jamaiquino» se convirtió en un standart de la música cubana.

CHUCHO VALDÉS

Rivera [Niño] posee una rara combinación de intuición popular e iluminación musical en cuantas formas, sus arreglos pueden permanecer dentro de un marco tradicional mientras se mueve hacia un territorio inexplorado. Es como los mejores arreglistas de jazz, menos preocupado por mostrar su talento para escribir, que por sacar lo mejor de cada miembro de la orquesta.

DICK HAADLOCK

El Niño con su tres

Rosa Marquetti Torres

Andrés Echevarría Callava, Niño Rivera
El Niño con su tres
Rosa Marquetti Torres

Esta biografía eminentemente documentada de Bola de Nieve se levanta como un panorama donde entran sus familiares, sus creencias, sus gustos, sus ansiedades y preferencias, al tiempo que dedicaba a perfeccionar las interpretaciones que le dieron fama internacional y lo convirtieron en auténtico embajador de la cultura cubana. Para quienes lo conocimos y disfrutamos de su arte resulta un estimulante de la nostalgia. Para quienes, por su juventud, a través de la lectura se acercan a un artista de la talla de Bola de Nieve, resultará una sorpresa conocer circunstancias y anécdotas irrepetibles, personalidades, ciudades, escenarios, una vida colmada de interés y una trayectoria ejemplar.

Reynaldo González

«Hay otro personaje clave en mi formación sentimental. Para descubrirme a mí mismo, para advertir lo que me ha producido felicidad y dolor, no he acudido al psiquiatra, sino a Bola de Nieve. En mi opinión es otro de los genios que habéis engendrado aquí [...]».

Pedro Almodóvar

[...] la labor escénica de Bola de Nieve: una forma de expresión, de sensibilidad, de calidad espiritual. Cuando uno lo trae al recuerdo, está habituado a relacionarlo con Rita Montaner y Benny Moré y —desde el punto de vista profesional— me cuesta trabajo compararlo, no es el sentido de su estatura individual, de lo que cada uno significa en la música cubana, sino porque Bola resulta ser una cosa distinta con respecto a los otros dos; es un fenómeno, algo realmente inexplicable, ya que hablar de un cantante coin vez parece algo absurdo, surrealista. Quizás él sea un clásico ejemplo de la intensidad del arte cubano, de disciplina, de estudio, de amor y entrega total a lo que se realiza.

Harold Gramatges

BOLA DE NIEVE
Si me pudieras querer

BOLA DE NIEVE
Ramón Fajardo Estrada

RAMÓN FAJARDO ESTRADA

FRANKIE RUIZ

FRANKIE RUIZ
VOLVER A NACER

ROBERT TÉLLEZ
FÉLIX FOJO

Han pasado veinte años de la muy temprana desaparición física de Frankie Ruiz, un hombre que con un genuino estilo, carisma, voz cálida y dulce, nos dejó un gran legado musical. La figura de Frankie surgió en un momento trascendental para la industria, justamente en uno de los períodos de mayor dificultad para la promoción de la música salsa. Su influencia marcó una pauta que aún perdura en muchas generaciones de artistas.

Sólo contaba 40 años al morir, pero su vida y obra, merecen ser contadas. Sin duda, Frankie fue el primer cantante líder del movimiento de salsa romántica y el inspirador para otras figuras que luego alcanzaron el éxito. Su particular estilo cargado de *swing* y su personalidad arrolladora, lo convirtieron en ese ícono que representa una salsa con letras que enamoran, acopladas espléndidamente mediante arreglos musicales cadenciosos y muy bailables, una fórmula ganadora que hoy sigue dando resultados.

Los autores de este libro, Robert Téllez (colombiano) y Félix Fojo, (cubano) rememoran de una manera agradable, novelada, la vida y trayectoria musical de este ídolo del pueblo que fue Frankie Ruiz.

Es también un homenaje al Puerto Rico querido de Frankie: la bella Isla del Encanto, a sus paisajes, música y su gente. Al Papá de la salsa, su carrera, su público, *fans* en muchas partes del mundo, a los músicos, a los compositores, arreglistas y productores, a los manejadores, a su familia, en fin, a todos aquellos que hicieron posible que un talento tan natural como el de Frankie Ruiz, pudiera alcanzar el lugar en la historia de la música que merecía.

Es para Frankie, como, Volver a nacer.

LUIS MARQUETTI

LUIS MARQUETTI
GIGANTE DEL BOLERO
EL HOMBRE SIN ROSTRO

LUIS CÉSAR NÚÑEZ GONZÁLEZ

Decir Luis Marquetti, es decir bolero. Marquetti fue uno todo su compositor de boleros, de grandes boleros, de algunos de los más bellos boleros de la historia. Aunque compuso guajiras, tangos, sones, guarachas y pregones, lo suyo, lo de él, el bolero. Las letras que escribió, y que para un trozo de las más destacadas intérpretes de su época, que lo llevaron a la trascendental y a alcanzar el sitial que hoy ocupa como uno de los más importantes compositores de boleros de todos los tiempos. En esta nueva edición, ampliada y corregida el lector no solamente encontrará información biográfica que no había de los avatares de la vida cotidiana del compositor y de las confesiones objetivas de las que hacer un detector de sus numerosas creaciones, sino un extensivo registro de sus boleros, sino, y testimonio de quienes lo conocieron personalmente y compartieron con él en ambientes tan distintos como la vida escolar, los medios radiales, la radio, la sociedad de autores, vecinos de su barrio, colegas de magisterio, creadores y vecinos de Alamar.

Jairo Grijalba Ruiz

RAY BARRETTO
FUERZA GIGANTE

ROBERT TELLEZ MORENO

Escrito con la perspectiva de un periodista que dedicó cinco años de rigurosa investigación acerca de la vida y obra del notable músico Ray Barretto, conocido internacionalmente como Manos Duras, considerado un ícono de la percusión; su autor recrea la trayectoria musical del percusionista newyorican, su comienzo a partir del *jazz* y trayectoria en la Salsa, que le valió más de diez nominaciones al premio Grammy.

Con admirable fluidez y amenidad, Robert Téllez va intercalando abundantes y sustanciosos fragmentos de entrevistas realizadas en distintas épocas con músicos y cantantes que trabajaron con Ray, así mismo con el testimonio de su vida nos entrega la otra dimensión humana y la Fuerza de un Gigante con la que superó las adversidades que enfrentó en diferentes momentos de su carrera.

Robert Téllez Moreno, Bogotá, Colombia, 1973. Graduado en Locución y Producción de Medios Audiovisuales. Se ha desempeñado como programador de distintas estaciones radiales musicales de su país desde 1998. Fundador y director general de la revista *Sonfonía*; investigador musical incansable, que lo ha llevado a visitar varios países como: Estados Unidos, Cuba, Puerto Rico, Perú, Panamá y Venezuela. Como investigador de la música afroantillana ha participado en numerosos eventos internacionales. Sus conceptos han quedado registrados en las notas de producciones discográficas como *Para Gozar Y Bailar* publicado por Santiago All Stars; y *Dónde Están?* de Guasábara Combo.

Desde 2012 forma parte del equipo musical de la Radio Nacional de Colombia. Allí dirige y conduce el programa *Conversando La Salsa* y participa en el equipo del programa *Son de la Música*.

EN EL BALCÓN AQUEL
LEOPOLDO ULLOA, EL BOLERO MÁS LARGO: SU VIDA

DULCE SOTOLONGO

Dulce Sotolongo conoció de forma casual a Leopoldo Ulloa, le propuso entrevistarlo para hacer un libro y surgió una inquebrantable amistad. La autora hace un recorrido por la vida del compositor a través de sus canciones e intérpretes logrando un rico testimonio de la música cubana, entre los artistas que cantaron sus composiciones están: Celia Cruz, José Tejedor, Tirso Guerrero, Celio González, Caíto, Lino Borges, Wilfredo Mendi, Moraima Secada, Roberto Sánchez, Clara y Mario, Los Papines, Pío Leyva. *En el balcón aquel* es un libro que te atrapa desde la primera línea, no permitirá que dejes de leer hasta su final.

Para los amantes de la música cubana de todos los tiempos, esta será una edición muy especial porque rinde honor a quien honor merece, a un grande del bolero: Leopoldo Ulloa.

Eduardo Rosillo Heredia

Autodidacta, creador absolutamente intuitivo, un día compuso «Como nave sin rumbo». Luego surgió una larga fila moruna: «Destino marcado», «Me equivoqué», «Perdido en la multitud», grabados por Frank Fernández; «Te me alejas», «Es triste decir adiós», «No extraño tu amor», «Adiós me dices ya»; y el representativo «Por unos ojos morunos». Esta producción sitúa a Leopoldo Ulloa, como el más sostenido y consecuente creador de la línea del bolero moruno.

Helio Orovio

THE BEATLES

Los Beatles, el grupo más admirado de la década del 60 y uno de los mejores de todos los tiempos, iniciaron una revolución cultural que trascendió más allá de la música. Es por eso por lo que ni las generaciones actuales quedan indiferentes a sus letras, ritmos e historia. *El largo y tortuoso camino de los Beatles* es un recorrido por la trayectoria de los *Cuatro Fantásticos*, desde sus inicios hasta la disolución del grupo. Sus seguidores, así como cualquiera que quiera descubrir la magia de los chicos de Liverpool, podrán disfrutar en este libro de entrevistas, reseñas de álbumes y canciones, y estadísticas de sus posiciones en la revista *Billboard*. Asimismo, su autor, Joao Pablo Fariñas González, nos invita a seguir la huella de estos músicos tras su separación, recorriendo sus carreras y vidas en solitario, para completar la historia y leyenda de este famoso grupo. Al concluir, el lector solo corre un riesgo: convertirse en un fanático de los Beatles —si es novel—, o disfrutar con pasión de la continuación de la *Beatlemanía*.

EL LARGO Y TORTUOSO CAMINO DE LOS BEATLES

JOAO PABLO FARIÑAS GONZÁLEZ

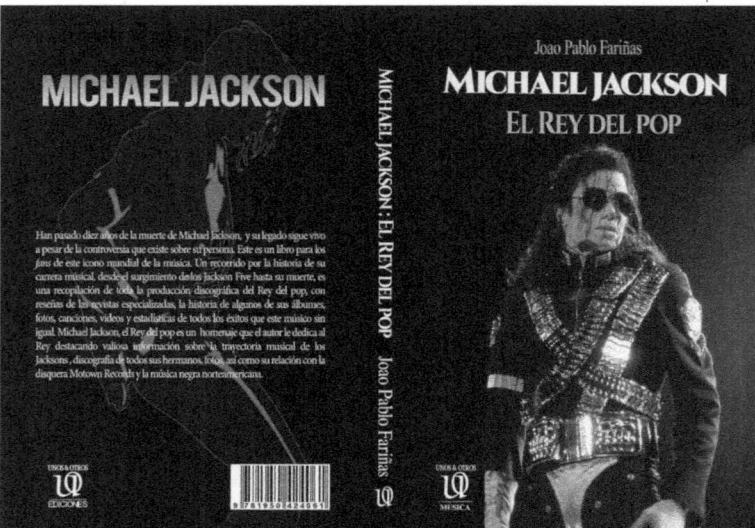

MICHAEL JACKSON
EL REY DEL POP
Joao Pablo Fariñas

Han pasado diez años de la muerte de Michael Jackson, y su legado sigue vivo a pesar de la controversia que existe sobre su persona. Este es un libro para los fans de este ícono mundial de la música. Un recorrido por la historia de su carrera musical, desde el surgimiento de los Jackson Five hasta su muerte, es una recopilación de toda la producción discográfica del Rey del pop, con reseñas de las revistas especializadas, la historia de algunos de sus álbumes, fotos, canciones, videos y estadísticas de todos los éxitos que este músico sin igual, Michael Jackson, el Rey del pop es un homenaje que el autor le dedica al Rey, destacando valiosa información sobre la trayectoria musical de los Jacksons, discografía de todos sus hermanos, fotos, así como su relación con la disquera Motown Records y la música negra norteamericana.

FLORES PARA UNA LEYENDA, YARINI
EL REY DE SAN ISIDRO
MIGUEL SABATER REYES

Ochenta años después de la muerte del proxeneta Alberto Yarini, ocurrida por motivos pasionales en 1910, en el barrio de San Isidro, un joven historiador visita la tumba del legendario chulo para cumplir una promesa contraída con un amigo. Un misterioso búcaro que siempre tendrá flores frescas sobre el sepulcro del proxeneta, le estimula a emprender una investigación en la que afloran vivencias de la vida del protagonista Luis Fernández Figueroa, y su relación con el mítico personaje.

Miguel Angel Sabater Reyes (La Habana, 1960). Licenciado en Filología en la Facultad de Artes y Letras de la Universidad de La Habana. Ha publicado *Cuentos Orichas* (Extramuros), de la Editorial Unos&Otros los títulos, *Crónicas Humorísticas cubanas* (2014), *Los últimos días de Jaime Partagás* (2013); *La Virgen de Regla y Yemayá* (2014).

Su novela es en verdad apasionante , y se estructura de forma singular..
El Nuevo Herald | Olga Connor

Escrita por un historiador e investigador sagaz, la novela nos deja una admiración contenida que alimenta la llama de un mito que el tiempo no podrá apagar, a pesar de inútiles y continuas explicaciones.
Eusebio Leal Spengler, Historiador de La Habana.

www.unosotrosediciones.com

infoeditorialunosotros@gmail.com

UnosOtrosEdiciones

Siguenos en Facebook, Twitter e Instagram:

www.unosotrosediciones.com

www.ingramcontent.com/pod-product-compliance
Lightning Source LLC
Chambersburg PA
CBHW051807040426
42446CB00007B/563